はじめに

私は中学の終わりから高校2年まで、学校で陰湿ないじめを受けました。

いじめのせいで、摂食障害やうつ病を患い、生きていることがつらいと感じるようになりました。

20代で出産を経験し、30歳を目前に控えたあるとき、一念発起して司法試験への挑戦を決意。5回目の試験で合格することができ、それ以降は弁護士として仕事を続けています。

今、いじめを受けていたころの記憶を思い返すとき、「あのとき、こうすればよかったな」と考えることがあります。

一番強く思うのは「もっと早く大人に相談していたら」ということです。勇気

いじめられっ子だった
弁護士が教える

自分の身のまもり方

弁護士
菅野朋子

草思社

を持って早めに助けを求めていたら、いじめをやめさせることができ、学校にも普段(ふだん)どおり通い続けられたかもしれません。

この本は、そんな私自身の経験と弁護士としての知識をもとに、いじめに立ち向かい、自分の身を守るための方法をお伝えするために書きました。

今この本を手に取った人の中には、現在進行形でいじめに悩(なや)む人や、その親御(おやご)さんがいると思います。

残念ながら、人間がいる限り、この世界からいじめがなくなることはありません。

いじめはなくなることがベストですし、なくすために努力もすべきです。しかし、完全になくすことは不可能です。

ですから、いじめをなくすための方法を考えていくだけでなく、いじめが起きたときの対策(たいさく)を考えておくこともとても大切です。

この本でも、「現実にいじめを受けたときにどうするか」という問いに焦点を当て、できるだけ具体的な解決方法をまとめています。

また、いじめを受けたからといって自分という人間の価値が失われるわけではありません。

世界は広く、学校以外にも自分の居場所がたくさんあること、未来にはまったく別の人生があることも知ってほしいという思いをこめて、この本を書きました。

この本が、いじめに苦しむ人の役に立てばと心から願っています。

菅野朋子

本書の使い方

この本は1章から順番に読む必要はありません。
ご自分の興味のあるところから読んでみてください。
なお、今いじめを受けていて、すぐにでも解決したいなど、
とくに急を要する方は、下記を参考にしてください。

今、いじめを受けている人、すぐにいじめをやめさせたい人 ＞＞＞＞＞＞＞ **2章**

58ページから読んでください。「いつ、誰に、どういうことをされたのか」、スマホやレコーダーなどを使い、いじめの証拠をしっかり集め、すぐ誰かに伝えましょう。周りの大人への伝え方は**2章**の**86〜90ページ**に書いています。

いじめで学校に行けなくなってしまった人 ＞＞＞＞＞＞＞＞＞ **4章**

1〜5のメッセージを読んでください。**3章**には、学校以外に自分の居場所を見つけるための方法をたくさん書きましたので、参考にしてください。学校は無理をしてまで行くところではありません。大切なのは自分が本当にやりたいことを見つけることです。

お子さんがいじめを受けている親御さん ＞＞＞＞＞＞＞＞＞＞＞ **4章**

137〜144ページに親御さんへのメッセージを書きました。もし、お子さんがいじめでつらくて動けなくなっていたら、代わりに**2章**のいじめを解決させる具体的な方法を読んで、お子さんを助けてあげてください。

いじめられっ子だった弁護士が教える

自分の身のまもり方

目次

はじめに　2

1章 「いじめられている」ことは恥ずかしくない

学校でいじめられた私　14
「変わっている」からいじめられる？　16
突然の無視　19

摂食障害に苦しむ日々 22
我慢の限界、ついに学校に行けなくなった 25
学校をやめるという選択 27
生きることで精一杯 29
勇気を出して訴えよう 31
いじめ解決のゴール 34
いじめ解決の目的は友情の回復じゃない 36
いじめは人の人生を変える 39
私が同窓会に参加した理由 42
いじめから人生を取り戻す 45

2章 自分を守る方法はたくさんある

いじめは人権侵害 48
「いじめ＝悪」だけでは解決できない 52
自殺だけがいじめ問題じゃない 55
いつ何をされたか、いじめの詳細な記録を取ろう 58
いじめっ子を徹底的に観察する 60
いじめの証拠をつかんだら、すぐ誰かに相談する 63
法律を知って、いじめっ子を撃退しよう 66
いじめの中には犯罪になるものがある 69

裁判を起こして解決することもできる 72
法律があなたを守ってくれる 74
いじめの具体例① 76
いじめの具体例② 80
いじめの具体例③ 82
人権救済の申し立てを行う方法も 84
周りの大人にどういじめを伝えたらいいか 86
転校は最終手段に取っておく 90
転校は逃げじゃない 94

3章

心のセーフティネットをつくっておこう

学校の外にはもっと広い世界がある 100
学校で友だちができなくても大丈夫 103
学校以外の居場所の大切さ 105
習いごとなどから、学校以外の居場所を見つけよう 108
本当にやりたいことをやる 110
やりたいことは勇気を持って親に訴えよう 112
部活のメリットとデメリット 116
ネットに居場所をつくるときに気をつけたいこと 120
旅に出る・海外に行くという方法もある 124

4章

学校に行けなくなった君へ

1 いじめるほうが恥ずかしい 130
2 いじめっ子と同じ土俵に立たない 131
3 学校はすべてじゃない 133
4 とにかく誰かに言おう 135
5 未来を信じよう 136
親御さんへのメッセージ 137
・まずは共感することが大切
・共感はしても同調はしない
・学校には行かせるべきか

5章

未来に夢を持つこと

いじめられた傷は一生消えないけれど　146
・自分の精神を平常に保つコツ

夢を持つということ　151
・不安の中で続けたチャレンジ
・リベンジのための司法試験
・どんな夢でもいい。大切なのは未来の可能性を知ること
・自分の生き方を考えるときに知っておいてほしいこと
・何歳でも、新たに道を切り拓くことはできる

最後に伝えたいこと　171

1章

「いじめられている」ことは恥ずかしくない

学校でいじめられた私

いじめられていることは、全然恥（は）ずかしいことじゃない。
いじめられているのは、自分のせいじゃない。

それを伝えるために、まずは私自身の体験をお話ししたいと思います。

東京に生まれた私は、小学校受験をして、世間（せけん）で名門（めいもん）といわれる私立の小中高一貫の女子校に入学しました。その学校で最初にいじめを受けたのは、小学校低学年のころです。

小さいときから背が高く、わりと体重もあった私は、ときどき体格をからかわれることがありました。

「朋子さんは、◯キロもあるんだよ」

教室内で、みんなに聞こえるような大きな声で言われたり、給食を食べているときに、「朋子ちゃん、◯キロもあっていいな」と言われたりしたこともあります。

おそらく、いじめている子には悪気がなかったと思います。いじめというより、おもしろおかしく「いじっている」という感じでしょうか。

いつも悪口を言われるとか、無視されるといったことはなく、普段はその子とも遊んでいましたし、普通に会話もしていました。

だから、先生は私がいじめられているとはまったく気づいていません。私がからかわれている様子を、みんなと一緒に笑いながら聞いていました。先生にしてみれば、「子どもたちがじゃれあっている」というくらいの認識だったと思います。

でも、私は体格をからかわれるのが本当に嫌でした。からかわれるのがつらくて、給食を食べるのが怖くなりました。

「やめてほしい」

「恥ずかしくて耐えられない」

心からそう思うのだけれど、声を出すことができません。いつも自分の気持ちを押し殺して、我慢をしていたのです。

今は違うと思いますが、私が通っていた学校は、もともと良妻賢母を育てる校風で知られていました。

そのせいか、子どもたちの個性を認めるというよりも、みんなと違うことをよしとしない雰囲気がありました。体格のよかった私がからかわれたのも、そんな雰囲気が影響していたのでしょう。

「変わっている」からいじめられる？

小学3年生のとき、他校から転入してきた子が、しばらくするといじめの対象になりました。彼女には何一つ悪いことなどありません。でも、ちょっとだけみんなと違う行動を取っていたせいで、目をつけられてしまったのです。

例えば、授業中に手を挙げて発言する機会があります。私たちの学校では、先生に指された人は立ち上がって発言していました。

でも、彼女は座ったまま発言しました。前の学校でそうしていたから、同じようにしただけです。

「そんなささいなことで？」

と思われるかもしれません。私だってそんなつまらない理由でなぜ？　と思います。でも、現実には本当にどうでもいいようなささいなことが、いじめの理由になるのです。

「何なの、あの子。普通は立ってから発言するよね」

最初はそうやって一部の子だけが彼女をいじめていたのですが、しだいにクラス全体に彼女を避けるムードが広がっていきます。しばらくすると、彼女は学校に来られなくなってしまいました。

私自身は、そのいじめに加わったわけではないのですが、彼女に声をかけてあげることもできませんでした。「見て見ぬふり」と言われても仕方がないと思います。

私は今でも、彼女になんのフォローもできなかったことを後悔しています。いじめは、やってはいけないことであり、いじめをされるとつらい。頭では十分わかっていたはずなのに、行動できなかったのです。

彼女をフォローできなかっただけでなく、いじめる側の理屈に染まりかけている自分がいました。それは「いじめられる側に原因がある」という理屈です。

確かに、彼女はクラス内で人とは少し違うところがありました。

みんなと違うから仲間に入ることができない。

仲間に入れないのはおかしい。

仲間に入れないのは、本人に変なところがあるから。

変なところがあるから、いじめられる。

誰から教わったわけでもないのに、いじめられるのは、それなりの理由があるからだと思い込んでしまっていました。

今から思えば、とんでもなく間違った考えです。でも、みんなと一緒が正しいという空気の中で、違うことはいけないことのように思えました。あとになって、この考えが私自身を苦しめることになるのです。

突然の無視

低学年のときに体格をからかわれたことはありましたが、その後はとくに大きなトラブルもなく、私は小学校を卒業して中学校に進学しました。

中学生の日々は、何事もなく過ぎていきました。問題が起きたのは、中学3年の終わりのころです。突然、仲のよかった友だちから冷たい態度を取られるようになりました。

話しかけようとしても、そっぽを向かれる。

挨拶をしても無視される。

これまで一緒にお弁当を食べていたのに、お昼休みになると離れていってしまう。

大人になった今なら、そんなことをされてもどうってことないのですが、思春期の私にはとてもショックな出来事でした。当時は女の子同士で群れて行動するのが当たり前でしたから、ひとりぼっちは耐えがたく感じられたのです。

私は自分がいじめのターゲットになったのだと確信しました。そこから地獄のような日々が始まりました。

誰もいじめの理由を教えてはくれず、自分にもいじめられる心当たりはないのに、明らかに私はいじめられているのです。

私が通っていたのは一貫校だったので、中学と同じメンバーがそのまま高校へと進学します。高校に入ってから、いじめはさらにエスカレートしました。

最初のころはクラスの全員からいじめられていたわけではなく、中立的な立ち位置の子もいました。けれども、いじめられている子と仲良くするのは勇気がいることです。仲良くしていたら、次は自分がいじめられてしまうかもしれません。

そんなわけで私は徐々に孤立し、クラスの中で表だって触れてはいけない存在になりました。クラス内で私に話しかけてくれる人はいなくなりました。

クラブ活動でも教室内と同じようなあつかいを受けていたので、学校内に居場所はどこにもありません。登校しても、誰とも一言も話さずに帰る日が続きました。

ひどいいじめを受けながらも、私は反撃することも誰かに相談することもできませんでした。いじめをされるのは恥ずかしいことであり、自分が変だからいじめられるのだと考えていたからです。「いじめをする側が一方的に悪い」という当たり前のことが、頭の中から完全に抜け落ちていました。

「ほかの人と違うこと＝悪いこと」という思い込みが強すぎたせいで、誰にも頼ろうとはせず、ただただ自分自身を責めてしまっていたのです。

摂食障害に苦しむ日々

我慢をしながら学校に通い続けるうちに、私の心と体はどんどん蝕まれていきます。うつ症状があらわれ、摂食障害も発症していました。

もとはというと、摂食障害の根っこは小学校時代のいじめ体験にあると思います。

最初にお話ししたように、私は小学生のときに体格をからかわれることがありました。当時はそれ以上のいじめに発展しなかったのですが、ショックが尾を引きずり、私は極度に体型を気にするようになりました。

小学校6年生になり、本格的なダイエットを始めたところ、おもしろいように体重が減っていきます。

「ねえ、最近痩せたんじゃない？」

「すごい、結構痩せてる！」

痩せると周りのみんなからもほめられるので、ますますダイエットに熱が入ります。夢中になっているうちに、普通のダイエットのレベルを超えてしまったのでしょう。すでに結構痩せているのに、体重が増えるのが怖くなり、食べ物を普通に食べられなくなりました。

あまりの激痩せを心配され、親に連れられて病院に行った記憶があります。ただ、当時は一般的に「摂食障害」という言葉が知られてなくて、本格的な治療も確立されていない時代です。

今でこそ、摂食障害の理解は進んでいますし、よく効く薬も出ていますが、そのころは摂食障害の治療として、強制的に患者を入院させて物理的に食べ物を口にできないようにする方法が取られていました。我慢できずに食べ物を買いに出かけてしまった人がいれば、「なんで買いに行ったの！」と怒られるのが当たり前でした。

病院に行っても、先生から「思春期って、そういう不安定な時期ですから」と言われるだけ。しかも、かつては精神疾患に対する根強い偏見もありました。今のように気軽にメンタルクリニックを受診できる環境もムードもなかったため、私の両親は子どもを精神科に通院させることに抵抗があったようです。

結局、私の治療はうまくいかず、症状も改善しないまま時間だけが過ぎていきました。

我慢の限界、ついに学校に行けなくなった

そんなふうに中学時代は一貫して拒食症気味だったのですが、中学3年の終わりから始まったいじめで状況が変わります。今度は一転して過食症になってしまったのです。

いじめのストレスから、とにかく爆発的に食べるようになり、コンビニで買ったものや、夜中に冷蔵庫を漁って目についたものを口にする日々へと突入しました。

気持ち悪くなるくらい食べて、最終的には吐く。それが習慣化して、もうやめられなくなっていました。

それでも、両親は私の異常に気づく様子がありません。「食べることは恥ずかしい」という感覚はあり、しかも尋常ではない量を食べていたので、過食を親に隠していたからです。

むしろ親は普段の私の食事を見て「食べられるようなったじゃない。よかったね」と喜んでいました。そんな具合ですから、いじめを受けていることも、家ではまったく気づかれていませんでした。

心と体がボロボロになりながらも、私は学校に行き続けていました。

いじめは全然やめてもらえず、学校内ではいつもひとりきり。学校から帰ってきたら過食をして、憂うつな気持ちのまま、翌日の朝を迎える。

そんな毎日が繰り返された結果、とうとう我慢の限界が来ました。

その日、私はいつものように重い足取りで学校に向かっていたのですが、途中で完全に足が止まりました。どうしても学校に行く気力がわきません。

「もう無理だ。学校に行けない……」

その日は学校を無断で休み、繁華街をブラブラして一日を過ごしました。夕方、いつもの時間に家に帰ると、心配そうな顔をした母親が待っていました。

「学校から連絡があって『今日は来てない』って言われたよ。どうしたの？」

ここまで来たらもう隠しようがないので、初めて母にすべてを打ち明けました。本当におかしなことに、その時点でも恥ずかしいという気持ちがありました。この期に及んで、いじめをされるのは恥ずかしいことという意識にとらわれていたのです。

学校をやめるという選択

その日を境に私は学校に通えなくなり、高校2年生が終わる段階で卒業に必要な出席日数に足らないという問題に直面しました。

このままでは3年生に進級することができません。かといって、同じ学校でもう一度2年生を繰り返すのは絶対に無理そうです。形式的に3年生のクラスで勉強して、卒業はせずに「修了」とする方法もありましたが、その選択肢を選ぶのも嫌でした。

私は小学校から通い続けてきた学校に残るのはあきらめ、別の進路を模索することにしました。

残された道は二つありました。

一つは、高校卒業を経ずに大学入学資格検定（大検、現在の高卒認定試験＝高等学校卒業程度認定試験）に合格して、大学受験を目指すという道。

そしてもう一つは、別の高校に転校するという道です。

自分ではどちらかにこだわっていたわけではないのですが、「高校を卒業して大学を目指したら？」という両親の意見を聞き入れ、転校の道を選択しました。

他校からの転入を受け入れる学校が限られている中で、父親が見つけてくれたのが神戸にあった私立の女子高です。当時、父は神戸に単身赴任をしていたのです。

試験に合格すれば問題なく転入できそうですし、一度東京を離れてみるのも悪くなさそうです。神戸に行き、父と一緒に生活することが決まりました。

生きることで精一杯

新しい高校では卒業までいじめを受けることはなく、友だちをつくることもできました。それでも、心のどこかで怖がっている自分がいました。

「やっぱり、いつかいじめられるんじゃないか」

「また無視をされたらどうしよう」

そんなことを考え、ときどき胸が苦しくなりました。いじめがなくなっても、やっぱり学校に行くのはつらいままです。

うつ病や摂食障害は、環境が変わったからといって劇的に改善するものではありません。とくに月曜日は朝になってもなかなか起きることができず、過食症で体も重くて気分も悪く、ほとんど登校できない状況が続きました。

休んだり登校したりを繰り返し、高校はぎりぎりの出席日数で卒業しています。

幸いなことにテストの成績はよかったので、東京の私立大学への推薦入学が決まりました。校内のトップ2名しか推薦枠がないという話でしたから、本当なら大喜びすべきなのでしょうが、私の心は複雑でした。

とにかく毎日生きることで精一杯で、自分には普通に受験をして大学に進学するのが無理だとわかっていました。本当は別に行きたい大学があるのに、ちゃんと受験をして目指せなかったという事実が、私の心にトゲのように刺さっていました。

だから、せっかく入った大学でもずっと悔しさを引きずっていました。うつ病も治らず、摂食障害も全然よくならず、ろくに出席しないまま私の大学生活は悲しく過ぎていったのです。

勇気を出して訴えよう

改めて考えてみると、いじめをきっかけに私が病気になったのは、最初の対処を間違ってしまったからです。

いじめを受けていることをずっと隠し続け、母親にカミングアウトしたときには、もう学校には行けない状態になっていました。

もっと早い段階でいじめを受けていることを誰かに訴え、何らかの対策をしてもらえていたら、こんなに苦しむことはなかったと思います。

だから、今の自分から当時を振り返って、「どうしてもっと早く誰かに言わなかったんだろう」と思うこともあります。

でも、そのときはどうしても恥ずかしくて言えませんでした。

自分が人と変わっているからいじめられる、自分がおかしいから仲間はずれにされるという思いが強く、いじめを知られるのをひたすら怖がっていたのです。

今、いじめを受けている子の中にも、恥ずかしくていじめを訴えられない人がいると思います。「自分が悪いのかもしれない」と悩み、誰にも言えずにいじめを我慢している人もいることでしょう。

そんな人に向かって、軽々しく「今すぐ親とか先生に訴えればいいのに」と言うことはできません。いじめを誰かに訴えることは、とても勇気がいることだからです。

私もそうだったから、誰かにわかってもらいたくても、なかなか声を出せないという気持ちは痛いほどわかります。

でも、やっぱり勇気を出して一歩を踏み出してほしいのです。勇気を出して声を上げれば、状況を変えることができます。いじめをやめさせることができますし、自分の人生を守ることもできます。

そもそも、いじめをされていることは恥ずかしいことではありません。いじめを受けている人は、これっぽっちも悪くありません。

恥ずかしくて卑劣(ひれつ)なのは、いじめる行為であり、いじめをしている人です。

本当に充実(じゅうじつ)した人生を送っている人は、自分が楽しむことを第一に考えます。

いじめなんてくだらないことに自分の大切な時間を使いません。ちょっと異質(いしつ)な人がいても排除(はいじょ)しようとは考えず、「おもしろいな」と認めることができるのです。


何度でも繰り返しますが、人をおとしめるのはつまらないこと、格好悪いことです。いじめをおもしろがって楽しんでいるのは、とても恥ずかしいです。

だから、いじめられても恥ずかしいとは思わないでください。

「いじめているほうがおかしい」

そう考えることが、いじめから抜け出す第一歩となります。

いじめ解決のゴール

いじめを解決するときのゴールは「いじめをやめてもらうこと」です。

いじめをした人を恨む気持ちはよくわかります。だからといって、復讐をする・やり返すという発想で戦ってはいけません。

例えば、恨みを晴らすために、いきなりネット上にいじめた人の実名を書き込んだらどうなるでしょうか。

もしかすると、その書き込みが社会の注目を集め、いじめた人にみんなの非難が集中するかもしれません。いじめた人の家族や実家が特定され、たくさんの嫌がらせを受ける可能性もあります。

でも、それはいじめに対していじめで仕返しをしたということ。やっていることが同じではないでしょうか。それどころか、書き込みをした行為が名誉毀損となり、自分が罪を問われる可能性もあります。

いじめに対していじめで報復しようとすると、最終的にはどちらかが勝つまで戦いは終わらなくなります。しかも、戦って勝ったからといって自分が幸せになれるわけではないのです。

大切なのは勝つことではなく、解決することです。解決とは、いじめをストップさせることです。

先ほど、私は人をいじめることは恥ずかしいことだと言いました。いじめをしている人は恥ずかしい人たちです。だから、そんな恥ずかしい人たちと同じ土俵に乗らないようにしましょう。

わざわざ相手のレベルに合わせて醜い争いをする必要はないのです。

実は、大人の世界でもつまらない争いを仕掛けてくる人たちがいます。

私自身も仕事をする中で、一方的に誹謗中傷を受けることがあります。でも、「こんなくだらない人と同じ土俵に乗ってはいけない」と思うことで冷静な気持ちになれますし、キレずに対処することができます。

とにかく、相手と同じ土俵で戦わないことが肝心です。「いじめをするような人とは同じレベルになりたくない」という強い気持ちを持ってほしいと思います。

相手を困らせたりたたきのめしたりするのではなく、ただいじめをなくすことに集中しましょう。いじめをやめさせればいいのだと割り切ってほしいと思います。

いじめ解決の目的は友情の回復じゃない

日本では友だち関係や友情を重んじる傾向があります。だから、小学校に入った子どもに対して親や先生は「クラスのみんなと仲良くしないとダメだよ」と教えます。

子どもたちは「友だちは多いほうが素晴らしい」という価値観にしばられ、友だちの輪からはずれないように必死になります。

それがエスカレートした結果、「友だちじゃない人は敵」みたいな発想が生まれ、友だちの輪からはずれた人がいじめの対象になっているのではないかと感じています。

でも、本当に友だちってそんなに大事なのでしょうか。

世の中には、どうしたって気の合わない人はいます。気の合わない人とわざわざ仲良くする必要はないですし、友だちが少なくても自分に自信と誇りを持って生きていけばいいのです。

クラス内には、友だちがいるのと同じように、友だちではない「ただのクラスメイト」がいたっていいと思います。友だちになれない人を「変わっている」とか「空気が読めない」といった理由で攻撃すべきではありません。

いじめられたときも、いじめっ子と友情を回復しようなんて思わなくて大丈夫。

いじめを解決する目的は、友情の回復でもありません。いじめっ子と元の友だちに戻ろうなんて、おかしな話です。

仲直りをする必要はなく、いじめをやめてもらえばいいのです。いじめをやめてもらい、お互いにただのクラスメイトになればいいのです。

私は自分の子どもには「いじめをしたらダメだよ。いじめられたら、ちゃんと報告するんだよ」と何度か言い聞かせてきました。一方で、「みんなと仲良くする必要もないよ。自分の好きな子とだけ仲良くすればいいんだよ」とも伝えていました。

今、いじめに悩んでいる人にも、同じように伝えたいと思います。

いじめは人の人生を変える

いじめは人の人生を変えてしまいます。それくらい大きな出来事です。

私には学校の中で活発に過ごしていた時期もありましたが、いじめを受けてからは外に出るのが怖くなり、すっかり消極的な性格になってしまいました。

また、いじめをきっかけに小学校から10年以上通っていた学校を途中でやめなくてはなりませんでした。

「どうして、いじめをしていた人は当たり前のように学校を卒業できて、いじめられた私がやめなくてはならなかったんだろう」

いまだに納得がいかないですし、悔しい思いがあります。

もとはというと、その学校への入学をすすめてくれたのは母親です。母は私に幸せになってほしいという一心で私を受験させてくれました。

その思いは十分伝わっていましたし、母が悪くないことは頭では理解していました。でも、つらいいじめを経験した私は、誰かのせいにしないと心を保てないほどに追い込まれていました。

母に向かって「どうして、あの学校に入れたの？」「お母さんが悪いんだよ！」と責めてしまったこともあります。そのときの悲しそうな母の顔が忘れられませんし、思い出すと申し訳ない気持ちになります。

高校時代のいじめの影響を大学まで引きずった私は、まともに就職活動をすることもできず、卒業後は大学時代に付き合っていた人と結婚して家庭に入る道を選びました。

うつ病と摂食障害は、結婚してからも続いていました。子どもを出産してから徐々に改善していったものの、完全によくなったわけではありません。

自分のいじめ体験を周囲の人に話せるようになったのも、大学を卒業してからのことです。それまでは、いじめを受けてきたことがやっぱり恥ずかしく感じられ、大学内では誰にも話すことができませんでした。

私は転校したために高校の卒業が1年遅れているのですが、それも「病気で体調が悪かった」という口実を設けて、ずっと隠し続けていました。

23〜24歳のころだったでしょうか。大学時代の先生のご自宅に当時の学生たちがみんなで集まる機会がありました。そこでお酒を飲みながら、自分のいじめ体験を話したのを覚えています。

自分が悪くないと確信できたからなのか、無事に大学を卒業できたという安心感があったせいか、それともお酒に酔っていたからなのか。いずれにしても、それをきっかけに人前でいじめ体験を話すことができるようになりました。

思えばずいぶん遠回りをしてしまったものです。

私が同窓会に参加した理由

数年前に、いじめで中退した女子校の同窓会に初めて参加しました。それまで同窓会がいつ開かれているのかも知りませんでしたし、私のところには連絡が来ることもないまま時間が経過していました。

そんなあるとき、同級生からフェイスブック経由でメッセージをもらう機会がありました。私がテレビに出演している姿を見て思い出し、連絡をしてくれたのです。

彼女に直接いじめられた記憶はありませんから、あまり接点がなかった人だと思います。彼女からは「当時は、そんなにいじめられているなんて知らなかった。ごめんね」と謝罪を受けました。

メッセージをやりとりする中で同窓会の誘いを受けたわけですが、同窓会と聞いた瞬間にドキリとしました。どれだけ時間が経っても、私は学校に恐怖心を持っていたからです。

今でもその女子校の近くを通ると少し手が震えますし、制服を見ただけで心臓がドキドキしてくるくらいです。

普通なら「絶対に行きたくない」と断っているところですが、私は同窓会に参加しようと決意しました。

いじめられていたとき、ずっと何も言えなかったというモヤモヤがあり、いつかはっきり言い返したいという気持ちを抱えていたのです。

同窓会に先立ってカウンセリングの先生にも相談をして、「同窓会で自分の気持ちを吐き出したい」と訴えました。先生は私の気持ちを理解した上で背中を押してくれました。

当日は夫に近くまで付き添ってもらい、覚悟を決めて会場へと向かったものの、足がガクガク震えていたのを覚えています。

その日、私をいじめた子が何人来ていたのかはわかりません。30年近くの時間が過ぎていましたから、もう誰が誰だかわかりません。でも、出席者のみんなは私がいじめられていたことを知っているはずです。

その場で幹事をしていた同級生のもとに向かい、思い切って切り出しました。

「ちょっとみんなの前で話したいことがあるんだけど、時間をくれない？」

みんなの前に立った私は、過去の自分のいじめ体験について語りました。当時どんなつらい目にあったのか、どんな思いで生きていたのかを吐き出しました。

苦しかった思いを吐き出すことで、気持ちがすっきりしました。長い時間がかかったけど、ちゃんと言い返すことができた——。一つの区切りをつけられたという実感がありました。

頑張って生きていれば、こんなチャンスもやってきます。今いじめに苦しんでいる人にも、そんな未来もあるのだと知ってもらえたらと思います。

いじめから人生を取り戻す

いじめられた記憶はずっと残り続けます。いくら忘れろと言われても無理です。私がいじめっ子を恨んでいないといったら、それは嘘（うそ）になります。今でもどこかで「一生許さない」と思っていますし、本音（ほんね）を隠さずに言えば「死ねばいいのに」とも思っています。

恨みを持ち続けるのは当たり前のことであって、恨みを持ち続けてもいいと思います。恨んでいる自分を嫌（きら）いになる必要はありません。

イメージでいうと、恨みの感情を箱の中にしまっている感じ。ときどき箱を開けてしまうことはあるけど、それはそれでかまわないのです。

でも、ずっと箱の中身を見続けるのは時間の無駄（むだ）です。いじめっ子のせいで無駄な時間を過ごすなんて、悔しいじゃないですか。だから、とりあえず箱は置いたままにして、違うことに目を向ければいいのです。

いじめを受けた人も、いつかやりたいことを実現できますし、自分らしい人生を取り戻すことはできます。

くわしくは5章でお話ししますが、私はあるとき「弁護士になる」という目標を見つけ、目標に向かって努力を始めました。そして司法試験に合格し、弁護士として仕事をすることができています。

弁護士を目指す上で大きな力となったのが、「このままじゃ終わらないぞ」「私をいじめた人たちを見返してやる」という強い気持ちでした。

弁護士として仕事をすることが、私にとって大きな自信となりました。「自分はちゃんと社会の中で力を発揮（はっき）できるんだ」という実感が自分を支えてくれましたし、今も支えになっています。

だから、いじめを受けてつらい思いをしている人には、夢を持って自分の人生を生きてほしいと思っています。

2章

自分を守る方法はたくさんある

いじめは人権侵害

私から見て、学校のいじめは年齢によって傾向が大きく二つに分かれると思っています。

小学生から中学生くらいまでの間は、いじめっ子自身も悩みやストレスを抱えていて、それを自分よりも弱い立場の人に向けるケースが結構あります。

こういったケースの多くでは、いじめっ子本人もそこまで悪いことをしているという自覚がなく、相手を傷つけていることを想像できていません。

ですから、このタイプのいじめに対しては、「いじめはよくないことだ」としっかり理解してもらうことが大切です。

私は弁護士会の活動として、小学生向けにいじめの出張授業を行う機会があります。

そこではまず、「いじめは人権侵害である」というところから話を始めます。人権とは、人が安心して安全に、自由に生きる権利のこと。子どもにも人権があって、自由に安心して安全に学校に通う権利を持っています。いじめをつらいと感じる最大の要因は、人権侵害や人格否定にあります。わかりやすくいうと、「人として認められていない」という感覚に陥ってしまうということです。

人として認められていないという感覚にどっぷり浸かってしまうと、安心して学校に行けなくなります。底なし沼にハマったときのように、簡単に抜け出せなくなります。

いじめは、誰もが持っている権利を脅かす行為です。絶対に許されるものではありません。

また、出張授業では「ドラえもん四層構造」を使って説明することがあります。具体的にいうと、のび太君がいじめられっ子、ジャイアンはメインでいじめをする子、スネ夫はいじめっ子に従う子、しずかちゃんはいじめには直接関わらずにそばで見ている子（傍観者）、という4タイプの人がいます。

ほとんどのいじめっ子は、たったひとりではいじめをしません。スネ夫がいなかったら、おそらくジャイアンはそこまでのび太君をいじめないと思います。

ジャイアンのいじめがエスカレートするのは、スネ夫のような子がいじめを後押しするからです。周りでいじめをおもしろがって味方をしてくれると思うからこそ、ジャイアンはいじめを繰り返すわけです。

そう考えると、スネ夫のような「いじめっ子に従う子」が出ないようにすることが大切です。いじめっ子を後押ししたりおもしろがって真似したりすることも、いじめの共犯であると理解してほしいのです。

さらに、私はコップの水にたとえて話をします。

いじめられている子の心が一つのコップだとすると、いじめを受けるたびにコップには水（ストレス）が溜まっていきます。いじめが繰り返されると、どんどん水かさは増えていき、ついには受け止めきれなくなってコップから水があふれ出してしまいます。

コップから水があふれた状態は、例えば自ら命を絶つということかもしれませんし、精神的に病んでしまったり、学校に行けなくなったりすることも考えられます。

しかも、いじめっ子ひとりは、たった1滴の水を入れているだけかもしれませんが、周りの子たちが同じように1滴ずつ水を入れていったら、コップの水はすぐにあふれ出してしまうでしょう。

つまり、いじめをしている側が「このくらいのことをしても大したことはない」と考えていたとしても、いじめられている側は相当なダメージを受けているのです。

「いじめ＝悪」だけでは解決できない

年少者には、とにかく「いじめは悪いことである」「いじめをしたら人を傷つけることになる」と伝えれば、いじめをやめてもらえる可能性があります。けれども、高校生くらいになってくると、それだけでは難しいといえます。一定の年齢を超えた子たちは、「いじめは悪いこと」というのを知った上で、あえていじめをしています。これが、先ほど言った「年齢によって二つに分かれる傾向」の第二です。

相手が傷つくのをわかっていながら、わざわざ相手が傷つくような言動を取っているのです。

現在の学校では道徳(どうとく)が教科の一つと位置づけられ、授業が行われています。高校生にもなれば、そういった機会を通じて、いじめをしてはいけないというのを繰り返し学んでいるはずです。

仮（かり）に、テストで高校生たちに「いじめについてどう思いますか」という問題を出したとしたら、ほとんどの人が「いじめはいけないことです」と解答することでしょう。

みんな正解を知っていながら、現実にはいじめをするわけです。だから、「いじめをしてはいけない」という正解を教えることには限界があります。

悪いと知りながらいじめを行った人に対しては、きちんとした制裁（せいさい）を加えるべきだと思います。

学校のいじめ問題については、被害（ひがい）を受けた側が「できるだけ穏便（おんびん）に解決したい」「なるべく事（こと）を荒立（あらだ）てたくない」と考える傾向があります。

確かに、穏便に済ませたいという気持ちはよくわかります。でも、その気持ちとは別に、毅然（きぜん）とした態度で対処する姿勢も必要です。

もちろん、いじめの多くは学校内で起こることですから、学校が関与するのは当たり前ですし、学校が解決に向けて動くべきだとも思います。

とはいえ、学校がすべての問題を解決できるわけではありません。学校が関与するときには、いじめを起こした人やその親が頭を下げて謝ればそれで終わり、というケースがよくあります。

しかし、それが本当にいじめの被害者や加害者のためになるのかと考えると、疑問が残ります。

いじめには、謝るだけでは済まされないレベルのものがあります。度を超したいじめをした人には「どれだけのことをしたのか」をきちんとわかってもらう必要があります。それなりの罰を受けるなど、きちんとけじめをつけることも大切です。

自殺だけがいじめ問題じゃない

先ほど、いじめには「謝るだけでは済まされないレベルがある」とお話ししました。

そういうと、多くの人はいじめによる自殺を思い浮かべるかもしれません。実際に、メディアがいじめ問題を大きく取りあつかうのは、いじめ自殺が起きたときです。

いじめによる自殺はショッキングな出来事ですし、起きてはいけないこととしてニュース番組などが取りあつかうのはわかります。

私も、いじめの出張授業で自殺をした子の遺書を読み聞かせることがあります。それを聞いてショックを受ける子もいますし、「やっぱりいじめはよくない」という理解を深める効果はあると感じています。

ただ、私はいじめ自殺だけにフォーカスしたくないと思っています。

どうしてかというと、子どもたちに「軽いいじめならＯＫ」とか「自殺まで行かない限り問題にならない」などと考えてほしくないからです。

実をいうと、私自身が高校生のときにはそんなふうに考えていました。学校でいじめを受けていたころ、いつまでも続くいじめに絶望し、何度となく次のように考えたことがあります。

「こんなに苦しい思いをしても誰もわかってくれない。私が死んだらいじめが認定されて、苦しい思いをしていたとわかってもらえるのかな」

「いっそのこと、いじめている子の家の前で死んでやろうか。そのくらいのことをしないと、どうにもならないのかな」

自殺者が出るとメディアは大騒ぎをしますし、「いじめはよくない」という意識も高まります。でも、それは本当に一瞬のことです。

時間が経つと、みんなが事件のことを忘れ、いじめを問題視するムードは下火（したび）になります。こんな状況が繰り返されるだけで本当によいのでしょうか。

自殺にまで行かなくても、一つひとつのいじめは十分悪質（あくしつ）で問題があるということを、もっと知ってほしいと思います。

いじめを受けた子に一番多いのは不登校（ふとうこう）になるケースです。学校に行けなくなることだって、とてもつらいことですし、大きな問題です。

今いじめを受けている人の中には、「学校に行きたくないというくらいで、相談しちゃいけないのかな」「もっと大事（おおごと）にならないと誰も助けてくれないのかな」と考えている人がいるかもしれません。

そんな人には、声を大にして「そういうことじゃないよ」と言いたいです。

ちょっとでも嫌な思いをしたなら、やめてもらうための行動を取るべきです。

いじめは、とにかく芽（め）が小さいうちに摘（つ）むことが一番重要です。解決する手段はいろいろあるので、できるだけ早く行動してほしいのです。

いつ何をされたか、いじめの詳細な記録を取ろう

ここからは、いじめから自分を守るための具体的な方法をお伝えしていきます。

自分を守る方法の一つ目は、いじめの詳細な記録を取ることです。

例えば、いじめを受けたことを学校に報告したら、学校側から必ず「何をされたか」を聞かれます。

そのときに、いじめの内容をきちんと伝えなければ、自分のつらい気持ちをわかってもらえません。それどころか、きちんと対処してもらえない可能性もあります。いじめの事実を認めてもらうためにも、記録を取っておくことが重要なのです。

記録に残しておくと、あとで客観的に自分が受けたいじめの内容を見返すこと

ができます。そこで「こんなにひどいことをされた」「これはひどいことなんだ」と受け止めることができます。

また、いじめた人に具体的な事実を示して聞き取りを行うことで、その人がどう考えて行動していたのかが明らかになります。

それを聞いて、「相手はいじめを軽く考えすぎていた」とわかったり、「ちょっと自分の被害妄想(ひがいもうそう)が強かったな」とわかったりするかもしれません。

つまり、いじめの記録があれば、いじめた側といじめられた側の考えの違いを明らかにすることもできるのです。

いじめの記録は、できれば早いうちに取っておくことが大切です。

というのも、人は強いストレスの原因となった出来事を忘れてしまい、思い出せなくなることがあります。忘れることで自分の心が守られるという良い面もあるのですが、忘れてしまうと何が問題だったのかもわからなくなってしまいます。

だから、なるべく早いうちに、日記を書くような感じで、その日に起きた出来事をノートなどに書き留めておくとよいでしょう。

もっというと、スマホやレコーダーなどで録音・録画する方法もあります。録音・録画したデータは、いじめの決定的な証拠となります。

私が知っている探偵さんは、いじめ被害を受けているお子さんに録音機器を持たせて、いじめの証拠を記録した上で、証拠を示して学校に対応してもらっていました。

ＳＮＳでいじめを受けている場合は、暴言などのスクリーンショットを撮っておくことが大切です。

いじめっ子を徹底的に観察する

いじめの記録を取るときには、できるだけいじめっ子を徹底的に観察してください。

一言で「いじめっ子」といっても、「ちょっとあの子のこと、無視しようよ」とみんなを指図する子もいれば、その言葉に従っているだけの子もいます。

少し前に「ドラえもん四層構造」についてお話ししました。

いじめに関わっている人は四つのタイプに分けられます。

のび太君＝いじめられっ子、ジャイアン＝いじめっ子、スネ夫＝いじめっ子に従う子、しずかちゃん＝いじめには直接関わらずにそばで見ている子（傍観者）、という4タイプです。

できれば、誰がジャイアン（メインのいじめっ子）で、誰がスネ夫（いじめっ子に従っている子）かを観察しておきましょう。

高校時代に私がいじめられていたときには、クラス内で無視をされていたのですが、「この子は仕方なく従っているな」というのがなんとなくわかりました。そういう子は、私のほうをちらっと見て、申し訳なさそうな表情を見せることがあったからです。

とくにいじめの初期は、いじめっ子の反応や行動もさまざまです。この段階から「誰に何をされたか」という事実を早めに記録しておきましょう。

観察をするときには、「問題を大きくしてはいけない」とか「うしろめたいことをしている」などとは、いっさい考えないでください。

いじめを受けるかもしれないと思うと、学校に行くのはつらいでしょう。でも、「よし、いじめの証拠を集めるぞ」という目的を持つことで、ほんの少しでも前向きになれたり、気が紛れたりするかもしれません。

いじめを記録、観察して報告することは、恥ずかしいことでも悪いことでもありません。自分を守るための大切な行動です。強い気持ちで取り組んでほしいと思います。

いじめの証拠をつかんだら、すぐ誰かに相談する

いじめの証拠をつかんだら、早めに誰かに相談しましょう。

相談する相手は限られていると思いますし、相談しやすさも人によって違うと思うので、とにかく「一番相談しやすい人」に相談するのがよいでしょう。

理想をいえば、身近に相談できる友だちがいれば、それがベストだと思います。いじめに関するアンケートによると、「いじめを受けたときには友だちに助けてもらいたい」と回答する人が多いことがわかっています。

ドラえもん構造でいうと、一番の重要人物は、いじめに直接関わっていないしずかちゃんです。

ジャイアン（いじめっ子）やスネ夫（いじめっ子に従う子）については、素直(すなお)にいじめをやめてもらうのは難しそうです。いじめをする人はどんなところにもいますし、残念ながらいじめが起きる可能性をゼロにすることはできません。

大事なのは早めにいじめの芽を摘むことです。いじめを解決するために協力してくれる人がいるとすれば、しずかちゃん（いじめに関わっていない第三者）だけです。

信頼できる友だちがいれば、その子に相談してみましょう。

クラスではみんなからいじめられているけど、部活では普通に接してくれる友だちがいるという人は、部活の友だちに話してみましょう。

友だちが何か行動してくれるとは限らないですが、友だちが親や先生に相談してくれる可能性は十分あります。

私自身がいじめられていたときには、陰で「大丈夫？」と声をかけてくれた子や、励ましの手紙を渡してくれた子がいました。

それは確かにありがたかったですし、救われた部分もありましたが、それだけではいじめに立ち向かうことはできませんでした。

彼女たちに直接助けてもらうことを期待していたわけではないのですが、もし相談に乗ってくれる子がいれば、それに越したことはないと思います。

友だちに相談できないときには、親や学校の先生などの周りの大人に相談することを考えましょう（伝え方は、86〜90ページでお話しします）。

親や先生が助けてくれそうにない場合でも、助けてくれる大人はいます。

最近では、SNSを使ったいじめ相談を行っている自治体もありますし、NPO団体などが相談に乗ってくれることもあります。弁護士会でも全国の都道府県で子ども無料電話相談のような取り組みを行っているので、そういったところを通じて相談することもできます。

もしかすると弁護士会がいじめの相談窓口を設けているというのは、知らない子どもも多いかもしれません。でも、実際に弁護士がいじめを法的に解決するケースはいくらでもありますし、そういう案件に関わっている弁護士はいじめのことをよく理解しています。

子どもの相談に慣れている弁護士は、あなたの強い味方になってくれるはずです。

法律を知って、いじめっ子を撃退しよう

ここからは法律によっていじめに対抗していく方法について考えていきます。

そもそも法律はなんのためにあるのでしょうか。簡単にいうと、法律はトラブルを解決するためのルールです。

たくさんの人が一緒に生活・活動する中では、どうしても利害関係が生まれたり対立したりすることがあります。

人類は、そういった問題を解決するためのルール、つまり法律をつくってきました。法律という道具があることで、みんなが秩序を持って生活できるというわけです。

わかりやすい例をあげてみましょう。

例えば、あなたが住んでいるマンションに「犬を飼いたい」と考えるKさんがいるとします。犬を飼えば、その人は癒やされて人生が豊かになります。でも、同じマンションに住むSさんは鳴き声や臭いに迷惑するかもしれません。

KさんとSさんの利害が対立しているので、お互いの利益を守りながら一緒に生活していくためのルールが必要となります。

住人たちが話し合った結果、マンション内で次のようなペット飼育のルールを決めることにしました。

・飼育できる動物の数は、1部屋1体までにする。
・飼育できる動物の大きさは50センチ以内にする。
・飼育している動物をベランダに出してはいけない。

このように、お互いに譲り合いながらも、納得できるルールをつくっていくことができます。法律というのは、このようなルールを国などのレベルで定めたものなのです。

たくさんの人が生活していく上では、みんなが同じ価値観を持ち、同じような行動を取るわけではありません。そのため、どうしてもお互いに対立したり利益を主張しあったりする問題が起きます。

そこでルールがなかったら、強い人や悪知恵の働く人だけが得をする弱肉強食の世界になってしまいます。それ以外の弱い人やだまされた人が取り残される世界になったら、人は安心して生活できなくなるに違いありません。

そこで、お互いを守って安心して暮らせるようにするため、私たちは法律に基づく社会をつくってきたということです。

いじめの中には犯罪になるものがある

いじめの渦中にいるときには、「誰も味方になってくれない」と孤独に感じることが多いでしょう。

しかし、先ほどお話ししたように、法律は本来、弱い人を守ってくれるためにつくられたものです。法律がいじめから守ってくれるのだと知ってほしいのです。

まず、いじめ行為の中には、法律で犯罪にあたる行為とされているものがあります。

例えば、いじめで殴る・蹴るなどの暴行を加えた場合は暴行罪という罪に問われます。殴ったり蹴ったりして人がケガをした場合には傷害罪が成立します。

ほかには、人を脅してお金をだまし取った場合（いわゆる「かつあげ」）は恐喝罪となりますし、隠れてお財布などを奪えば窃盗罪となります。本人の意思に反して土下座をさせるといった、嫌な行為を強制すると強要罪にあたります。
あるいは、多くの人に対して言いふらしてほしくないようなプライバシーを暴露する行為は名誉毀損罪にあたりますし、みんなの前で「バカ」とか「死ね」と言うと侮辱罪が成立します。

こういった行為は犯罪として法律で禁止されていて、罪を犯した人は法律で罰せられます。

「でも、14歳未満は犯罪を犯しても処罰されないって聞いたことがあるけど……」

そんなふうに言う人もいるかもしれませんね。

確かに、日本には少年法という法律があります。大人の場合は、罪を犯して懲役刑が科されると刑務所に行かなければなりません。しかし、14歳未満の子どもは少年法によって刑事責任を問われないことになっています。

ただ、知っておいてほしいのは、刑事責任がないからといって犯罪をしてないことにはならない、ということです。小学生の子どもでも殴る・蹴るなどの暴行をすれば暴行罪という罪を犯したことになりますし、「バカ」とか「死ね」というと侮辱罪になります。

いじめはれっきとした犯罪なのです。

また、刑事責任がないからといって、完全におとがめなしというわけでもありません。

14歳未満であっても、罪を犯したら児童相談所に通告されて指導を受けることになります。重大な罪を犯した人は家庭裁判所に身柄が預けられ（送致といいます）、場合によって少年鑑別所に収容されることもあります。

また、保護観察というものの対象になれば、定期的に保護司という人と面会をして生活状況を報告しなければならなくなります。

さらに、家庭裁判所の審判によって「矯正教育（社会の一員として改めさせる教育）が必要である」と判断された人は少年院に収容されることにもなります。

要するに、14歳以下でも法律に基づいた手続きを受けるのです。

その意味では、いじめを受けた人は黙っている必要はありません。いじめの被害をきちんと訴えて、法律に従って対処してもらうことが重要です。

裁判を起こして解決することもできる

では、いじめで無視をされた子がうつ病になった場合は、どういう犯罪になるのでしょうか。

結論からいうと、犯罪にするのは難しいと思います。無視という行為そのものを犯罪にする法律がないからです。ただ、刑事事件としての犯罪ではないけれども、民法上の不法行為というものにあたる可能性があります。

民法（日常生活で、市民の間の関係について一般的に適用される法律）には、次のような条文があります。

第７０９条　故意又は過失によって他人の権利又は法律上保護される利益を侵害した者は、これによって生じた損害を賠償する責任を負う。

故意というのは「わざと」、過失というのは「うっかり」ということです。簡単にいうと、わざと人に損害を与えたり、うっかり損害を与えたりしたら不法行為をしたことになり、損害を賠償（いじめによる治療費や、精神的苦痛に対する慰謝料などを支払う）しなければならないということです。

いじめで無視をすることも、不法行為として損害賠償の対象となることがあるのです。

いじめの被害者が裁判を起こすことで、加害者がおおよそ12歳以上の場合は損害賠償の責任があると見なされたり、場合によっては親の責任が問われたりする可能性もあるわけです。

ですから、学校で人を無視することだって、とても重大な問題なのです。

法律があなたを守ってくれる

法律を知っておくと、その力を借りていじめに立ち向かうことができます。

とはいっても、難しい法律の知識を身につけなくても大丈夫。インターネットを使えば、どういう法律があるかというのは、すぐに調べられます。

大切なのは、何か嫌なことをされたときに、「これって法律で禁止されているんじゃないのか」と気づくことです。

「私はちゃんと権利を保障されている」

「本当は守られるはずの権利が侵害されている」

と気づいてほしいのです。

もし、法律で禁止されている行為をしたことが認められれば、いじめの加害者は罰を受けることになります。つまり、法律は自分を守ってくれる味方であり、いざというときに使えば強い武器となります。

自分で調べてもわからないときは、法律の専門家に無料の電話相談もできます。一番よくないのは、ひとりで問題を抱えて苦しんでしまうことです。

とにかく、いじめを受けたら黙っていてはいけません。いじめの被害をきちんと訴えて、法律に従って対処してもらうことが重要です。

対処してもらうときには、いじめについての証拠が必要となります。

「バカ」とか「死ね」といった暴言を浴びせられたときには、それを記録した音声データなどが証拠となります。

動画や音声などの客観的な証拠がなくても、例えば暴力行為を目撃（もくげき）したと人の証言があれば、いじめがあったと認めてもらえる可能性が出てきます。

58ページでお話ししたように、しっかりいじめの記録を取っておきましょう。

いじめの具体例①

ここからは、私が弁護士として実際に関わったいじめの事例についてお話しします（個人が特定されないよう、一部、情報を加工して執筆しています）。

まずは、高校生女子Aさんの事案です。

Aさんは、学校の登下校時にクラスメイト2〜3人から待ち伏せをされ、暴言を吐かれるといういじめを受けていました。

もともとAさんたちは仲の良いグループだったのですが、あるときからAさんが仲間はずれの対象となり、「バカ」「うざい」などの暴言を浴びせられるようになったといいます。

そういった状況が1ヵ月ほど続き、学校に行きづらくなったAさんがお母さんに相談したことで、いじめが発覚。お母さんを通して私が解決の依頼を受けたという経緯です。

こういった場合、私は依頼者であるお母さん（親御さん）だけでなく、いじめを受けている本人にもお会いして、お話を聞くようにしています。

お母さんの話だけではわからない部分もありますし、本人の意思も確認した上で、解決のゴールを設定する必要があるからです。

Aさんはしっかりした女性でした。彼女とも話し合いをした結果、いじめは登下校時の出来事でもあるので、高校を介さない方向で解決を図ることにしました。

具体的には、直接暴言をしている子たちにいじめ行為をやめてもらうこと、そして精神的苦痛を与えた事実を認めた上での謝罪を求めることをゴールにしました。

ちなみに、学校の関与を求めるかどうかはケースバイケースですが、今回の事案では高校生であること、学校内のいじめではないこと、初期の段階であったことなどを踏まえ、学校による指導は不要であると判断しています。

まずは、内容証明郵便（文面その他の内容を証拠として郵便局が保存する郵便）で先方の親子にあてて書面を送りました。これを受けて相手がいじめをやめて謝罪をしてくれれば、Aさん親子が望んだ解決が実現します。

ところが、相手方は解決に向けて動いてくれませんでした。当事者を交えた話し合いを行ったのですが、相手方の主張を要約すると「自分たちに一方的に非があるわけではない」ということでした。

これ以上の交渉は難しいと判断し、Aさん親子の理解を得た上で裁判という手段に訴えることにしました。

裁判ではAさんの精神的苦痛に対する慰謝料を求めましたが、真の目的はお金ではなく、あくまでも話し合いの場をつくるために裁判を利用したという感じです。

裁判では双方の言い分のどちらが正しいかを争い、判決での勝ち負けを争うこともありますが、一般的には和解で解決するケースが多いといえます。

今回のケースでは、裁判官から和解の提案を受け、話し合いによって解決を図ることになりました。

最終的には、謝罪と暴言をやめることの誓約、そして10万円の慰謝料を得ることで和解しました。

裁判の終了後、Ａさんは再び同じ学校に登校できるようになりました。Ａさんが早めに相談し、親子で解決に向けて行動したことで、スムーズに解決できた事例だったといえます。

いじめの具体例②

次にお伝えするのは、女子中学生Bさんの事案です。

Bさんは同じ学校の女子生徒からツイッター上で悪口を投稿されるといういじめを受けていました。主犯格がひとりいて、周囲の子からは悪口をリツイートされる被害を受けていたそうです。

いじめの理由は異性をめぐるトラブルであり、女子のいじめではよくあるパターンといえます。

Bさん親子にお話を聞いたところ、Bさん自身には学校への思い入れもなく、友人関係に疲れていることもあり、転校を希望していることがわかりました。

ただ、SNS上のいじめは転校しても継続されるおそれがあります。そこで、いじめを行っている相手の自宅に内容証明郵便を送り、いじめ行為をやめるよう申し入れを行いました。

Ｂさん親子には慰謝料を請求したいという要望はなく、あくまでも悪口を二度と言わないでほしいと望んでいました。

申し入れの結果、いじめていた側もＢさんとは関わりたくないという意思を明らかにしたので、お互いにＳＮＳも含めていっさい接触しないことを確認する合意書を取り交わすこととなりました。

ＳＮＳ上の暴言は拡散されるとキリがないですし、つねに世界中で閲覧できる状況が続くので早めに対処する必要があります。

とくに注意したいのは、発信者の特定作業が必要な場合、膨大な時間を取られるという問題です。しかし、今回のケースでは早めにＢさん親子が弁護士に相談したことと、発信者がすぐに特定されたことも功を奏し、スムーズに加害者との交渉に移ることができました。

弁護士が介入することで、いじめた側にもいじめ行為をやめるきっかけが見つかるということがあります。

Bさんといじめっ子はもともと人間関係がうまくいっていないようでしたから、「お互いに嫌いな人同士が関わらないと約束する」というゴールに着地しました。それも一つの解決方法であり、むしろ理想的なゴールといえます。いじめを解決するときに、仲直りを目指す必要はありません。

Bさんは転校先の学校で、新たな学校生活を楽しんでいるとのことです。

いじめの具体例③

3例目は、私立小学校に通う男子児童Cさんの事案です。

Cさんは電車で学校に通っていたのですが、登下校時に同じ学校の児童から叩(たた)かれたり帽子(ぼうし)を取られたりする嫌がらせを受けていました。Cさんが「やめて」

と訴えても、いじめ行為をやめてくれないといいます。

いじめっ子には「いじめている」という自覚はないのかもしれませんが、Cさんは明確に嫌がっていました。いじめ行為をやめてもらうために、Cさんのご両親を通じて弁護士である私が相談を受けたといういきさつです。


Cさんは低学年でしたが、非常にしっかりとしていて理知的なお子さんでした。私が相談を受ける以前に、いじめ問題をあつかう探偵に依頼して、探偵の指導の下でいじめ行為の音声を録音していました。これは、しっかりしているCさんだったからこそできたことだと思います。

この問題に関しては、学校側からも指導をしてもらう必要があると考え、いじめの記録とともに学校に報告することにしました。

私たちからは、学校で今後の様子をきちんと見守るように伝え、学校側からも責任を持っていじめが起きないように対応するとの回答を受けました。

このケースでは、低学年のいたずらだからと穏便に済ませず、きちんと学校に対応を求めたことがポイントでした。その後、Cさんは以前と同じように安心して学校に通えています。

人権救済の申し立てを行う方法も

以上三つの事例をお話ししましたが、いずれも自殺につながるような壮絶(そうぜつ)ないじめというよりは、その前段階のレベルにあるいじめ行為でした。こうした早い段階で被害者が声を上げたことが解決につながっています。

私自身、数々のいじめ問題に介入してきましたが、なかにはかなり問題がこじれてから相談を受けた事例もあり、裁判がうまくいかなかった経験もしています。とにかく重要なのは、問題が深刻化する前の早い段階から解決に向けて動くことです。早いうちに行動すれば、その分早い解決が期待できます。まずはそのことを知ってほしいと思います。

また、弁護士会には人権救済申立てという制度があります。これは日本国憲法が保障する基本的人権が侵害されるおそれがある問題について、弁護士会が改善を求める制度です。

人権救済の申し立てを行う場合は、申立書を作成し、全国各地の弁護士会に申し立てを行います。申立書提出後、弁護士会では人権侵害の有無を判断し、人権侵害があると判断されれば、弁護士による調査が行われます。

いじめ問題の場合は、学校の関係者などに面談を行い、問題に応じて学校にアドバイスや指導を行います。

「すべての申し立てが採用されるとは限らない」「調査をして結論が出るまでに時間がかかる」といったことに注意が必要ですが、誰でも利用できるシステムであり、いじめを受けたときには一つの手段として検討の余地があります。

周りの大人にどういじめを伝えたらいいか

ここからは、周りの大人にいじめを伝えて助けてもらう方法について考えてみます。

いじめを受けたら、まずは親に伝えることを考えてみましょう。普段から親と会話ができている人は、ほかの人よりは親のほうが伝えやすいと思います。

とはいっても、なかには親と関係がうまくいっていないとか、親が子どものことに無関心というケースもあるでしょう。

その場合は、無理に親に伝えようとしなくてもかまいません。もっと話しやすい人を見つけて伝えてください。とにかく一番大事なのは、誰かに知ってもらうことなのですから。

学校にいじめを認めてもらうときには、先生に伝える必要もあります。

まずは担任の先生に伝えましょう。担任の先生が味方になってくれなさそうなときは、保健室の先生や部活の先生など話しやすい先生に伝えてもかまいません。一番身近に感じる先生・信頼できる先生に助けを求めましょう。

担任の先生などに話しても解決してくれない場合は、学年主任の先生に伝えることを考えましょう。それでもダメなら、校長先生に直接話す方法もあります。

いきなり校長先生に話をするのは難しいと思いますが、校長先生にいじめ問題を訴えてはいけないという決まりなんて、どこにもありません。ほかの先生でうまくいかないときには、気持ちを強く持って訴えていきましょう。

先生に伝えるときには、客観的な資料を見せて報告することが望ましいです。客観的でなくても、いじめについて記録したメモなどがあれば、いじめの事実を認めてもらいやすくなります。とくに内容がくわしければくわしいほど、信ぴょう性があると受け止められるはずです。

58ページでもお話ししたように、できるだけ「いつ、誰に、どういうことをされたのか」という記録を取っておきましょう。

先生に口で伝える勇気が出ないときは、手紙に書いて「これを見てほしいです」と伝えるだけでもいいと思います。先生に一度手紙を読んでもらったあとのほうが、話がしやすくなるかもしれません。

親についてきてもらったほうが安心できる人は、親と一緒に先生と面談する機会をつくってもらいましょう。


私がいじめを受けていたときを振り返ると、恥ずかしさのあまり親に伝えることができず、とうとう学校に行けない状態まで追い込まれてしまいました。学校にも信頼できる先生が見当たらず、「先生に頼れば助けてもらえる」と考えることもできませんでした。

先生に伝えられなかったのは、いじめっ子の報復が怖かったからでもありました。いじめっ子に「チクった」と言われるのが怖くて、親に対して「先生にだけは言わないで」とお願いしたこともあります。

でも、今では黙っていたことを後悔しています。学校に行けなくなる前に、早くいじめの事実を訴えればよかったと思います。

いじめを訴えることで、いじめっ子から報復される可能性はありますが、怖がっていては絶対にいじめは解決できません。

報復されるかもしれないなら、「報復されたときの証拠を取ってもっと追い詰めてやるぞ」というくらいの強い気持ちを持ってほしいのです。

直接学校の先生に言いにくい場合は、スクールカウンセラーに相談する方法もあります。

警察は事件性がない限り子どものいじめに介入してくれませんが、傷害や恐喝などの犯罪に関わるいじめの場合は、事件としてあつかってくれる可能性があります。重大ないじめについては、警察にも相談することを考えましょう。

また、65ページでお伝えしたように、弁護士に電話で相談することもできます。

とにかく誰かに伝えて突破口をつくることが大切です。すべての突破口は、自分がいじめを受けていることを伝えて、ＳＯＳを発信することから開けます。

転校は最終手段に取っておく

私は、基本的に学校に行けるのなら行くに越したことはないと考えています。いじめを理由に一度学校を休んだ場合、休みの期間が長くなればなるほど、学校に戻るハードルが高くなってしまいます。

ですから、この本で何度も繰り返しているように、まずはいじめをやめてもらうためにアクションを起こすことが一番です。

けれども、学校はつらい思いをしてまで無理して行くところではありません。どうしても行けないと感じるなら、休むという判断も大切です。

私自身、親からの「学校に行ってほしい」というプレッシャーと、「どうしても行きたくない」という感情の間でとても苦しんだ経験があります。

親は私をベッドから引きずりおろして「今日は行けるの？」「今日は行けるの？」と必死で学校に送り込もうとするのですが、私は毎日それが地獄のように感じられました。

親の期待に応えたいという気持ちもあり、どうにか体を引きずって登校するのですが、結局保健室にしか行けない日も続きました。また、どんなに親から懇願されても、家から出られなかったこともあります。

そんな苦しみから少しだけ解放されたのは、親子で最終的に学校を休むと決めてからです。やはり、そこまで苦しい思いをするなら、早めに学校を休むという判断をすべきでしょう。

転校について考えるときも同じです。

自分が学校に思い入れが強いとか、どうしても通い続けたいというときは、いじめをやめてもらった上で、同じ学校に通い続ける道を探(さぐ)っていくのが理想です。

一方で、同じ学校に通う気力がない、一つの学校にこだわりがない場合には、転校という手段を選べばよいと思います。

今はいじめを理由に公立校の転校も認められていますので、学校への相談をおすすめします。転校も、いじめから自分の身を守る方法なのです。

私は小学校からずっと同じ学校に通っていたので、それなりに学校への思い入れもありました。

「10年以上通っていた学校をやめるのは、ちょっと悲しいな」

「いじめた子は通い続けられるのに、いじめられた側が学校を出て行くなんて納得いかない」

そんな思いも抱えていたので、正直なところ転校には抵抗感がありました。

それでも、学校に通うのは本当に苦痛だったので、最終的には転校してもよいのではと考えるようになりました。

前にお話ししたように、私が転校したのは神戸にあった高校です。

知らない土地で暮らすことになりますが、父と二人暮らしなのでそれほど心配はしていませんでした。大学から東京に戻ればいいという考えもありましたし、むしろ違う環境に行ける期待感のほうが大きかったのを覚えています。

実際に引っ越してみると、むしろ神戸は東京よりも華（はな）やかで、おしゃれな雰囲気もあってびっくりしました。

転校先の学校は、前の学校とは雰囲気がずいぶん違いました。

前の学校では、色つきのリップクリームを使っただけで周囲からひそひそ言われることがあったのですが、その学校では放課後になると、当たり前のようにお化粧（けしょう）をしてから遊びに行く子がいました。それでも、誰に指をさされるわけでもありません。

かといって、勉強ができる子に嫉妬したり、優等生ぶっているとけなしたりする風潮もありませんでした。

テストでいい成績を取っても、「すごいねー」「頭いいじゃないの」で終わり。あっけらかんとしていて、からっとした人間関係に救われる思いがしました。

転校は逃げじゃない

もちろん、転校するにはエネルギーが必要ですし、経済的な負担なども考えると気軽に選べる選択肢ともいえません。

ですから、簡単に「転校すればいいのに」とは言えないのですが、少なくとも転校は悪くない選択であると思っています。

「転校すると逃げぐせがつくんじゃないか」という意見もありますが、それは違います。

なぜなら、いじめは本来あってはいけないものであり、あってはいけないものを我慢する必要など1ミリもないからです。

人生には、受験のための勉強や、スポーツの試合のための練習など、苦しい経験をする場面があります。そこで「努力するのが嫌だから」という理由で逃げ続けるのは、あまりいいこととは思えません。

でも、勉強や練習が嫌で逃げるというのと、いじめから逃げるというのはまったく別の次元の話です。

いじめから逃げずに我慢し続けると、50ページでお話ししたようにコップの水があふれる瞬間がやってきます。そうなってしまうと、もう手遅れです。

私が強調したいのは、いじめに対して我慢強くある必要はないということです。

いじめから逃げ出すのは弱いからでもなんでもありません。

いじめは受けてはいけないものです。いじめは我慢する必要がないものです。

だから、いじめから逃げるのは人間として当然のことなのです。

私はいじめに我慢する学校生活を2年近く経験しましたが、今は本当に無駄な我慢をしていたと思います。私がしていたのは、無駄な我慢というより有害な我慢でした。

当時は冷静な判断ができませんでしたが、あとになってみれば「どうしてあんなに我慢してしまったのだろう。あれだけ我慢できるんだったら、親や先生に訴えるくらいの勇気を持てたんじゃないか」と思うことがあります。

私がやっていたのは、してはいけない我慢でしたから、「いじめがあったおかげで今の私がいる」などと口が裂けても言えません。

いじめの苦労などしないことが一番ですし、いじめを絶対に美化してはいけないと強く思っています。

だから、転校という手段を選んだときには、うしろめたさを感じないでください。転校した人には、気持ちを切り替えて本来の学校生活を取り戻してほしいと願っています。

なお、私立校の一部では、いじめた側を退学させるという解決策を取ることがあります。私は、いじめの被害者が学校を出て行くよりは、加害者が出て行くほうが筋ではないかと思います。

ただちに学校を退学させるべきとまでは思いませんが、加害者には度を超さない範囲で何らかのペナルティがあってもよいでしょう。

そうした処置を求めて、毅然とした態度で声を上げるのも一つの方法といえます。

また、学年などがかわるタイミングで、いじめの加害者と別のクラスになるような配慮を求めることも重要です。いじめの問題に真剣な学校であれば、きちんと配慮をしてくれるはずです。

3章

心の
セーフティネットを
つくっておこう

学校の外にはもっと広い世界がある

学校という空間にいると、いじめを受けている現実が世界のすべてであり、逃げ場がないような感覚に襲(おそ)われます。

けれども、実際には学校は世界のごくごく一部でしかありません。学校の外には、もっと広くて、学校とはまったく違う価値観を持つ場所が広がっています。

この章では、学校以外に心のよりどころを持つことの大切さを語っていきたいと思います。

学校以外の居場所を考えるにあたって、まずは学校という場所について考えてみたいと思います。

私は、学校というのは勉強を学ぶ場所というより、人との付き合い方を学ぶ場であると考えています。

勉強を学ぶだけなら塾でもできますし、今はYouTubeで教えてくれる先生もたくさんいます。あえて学校に行く必要はありません。

それでも学校に行ったほうがいいのは、いろいろな人と触れて、人との付き合い方を学べるからです。

人は社会で生きていく中で、必ず人との関わりを持ちます。

会社に勤めれば上司や同僚、部下の人たちと一緒に仕事をすることになります。ひとりで仕事をしているように見える芸術家も、作品をあつかってくれる関係者と関わる機会を持っています。

ネット上でライブ配信をしてお金を得ている人も、視聴者からのコメントに応えたりしながら活動しています。やっぱり、たったひとりで生きているわけではないのです。

社会に出るまで家族としか付き合う経験がない人は、人とどうやって関わったらいいのかわかりません。

学校でいろいろな人と関わる中で、私たちは人と協力していく方法を覚えることができます。また、苦手な人との距離の取り方がわかるかもしれません。

別に学校で友だちができなくてもいいのです。大人になっても友だちがいないまま生きていくことはできます。

大切なのは、友だちでもない誰かと関わりながら生活していく力なのです。

とはいえ、学校がものすごく重要な場所なのかというと、そんなことはありません。

どうしても学校に行くのが苦痛という人はいます。学校が苦手な人に「それでも絶対に行ったほうがいい」というほどの価値はないと思います。

とくに、昔と今とでは学校の役割が変わっています。

昔の学校は、みんなに同じような教育を施し、集団行動の中で従順に動く人をつくっていくという役割を担っていました。

今の学校にもそういう側面はありますが、「みんなと同じ行動をすることが大事」という価値観は崩れつつあります。

今は多様性が重んじられるようになっていて、みんなに合わせなくても生きていくことはできます。

学校そのものも多様化しています。みんなと同じような学校に通わなくても、通信制の学校もフリースクールもたくさんあります。

私の友だちにも、学校の先生とうまくいかず、不登校を経験した人がいます。その人はフリースクールから通信制の高校に進学し、普通の大学に入学していました。途中で学校から離脱しても、あとでやり直す機会は十分にあります。

学校で友だちができなくても大丈夫

学校は人との付き合い方を学ぶ場だとお話ししましたが、では、友だちはなんのためにいるのでしょうか。

私にとって、友だちはお互いに支え合える人です。

人はたったひとりでは生きていけない弱い生き物です。私たちは他人と関わり、助け合いながら生きています。その中でも、友だちはお互いに悩みを相談し合ったり、慰(なぐさ)め合ったりできる大切な存在ではないでしょうか。

ただし、友だちとの関わり方は人それぞれです。

たくさんの友だちと関わっていないとさみしくて生きていけないという人もいれば、少ない友だちと深く関わるだけで十分という人もいます。

私自身は、友だちがたくさんいるほうではないですし、いつも友だちがいないと困るというタイプでもありません。ひとりで過ごす時間も大好きです。

それでも、弱ったときに話を聞いてくれる友だちがいると、とても安心します。

友だちに話したからといって問題が解決するわけではないです。けれども、話せば気分がラクになりますし、「悩んでいるのは私だけじゃないんだ」と励(はげ)まされることも多いのです。

だから、できればひとりでも気が合う友だちをつくってほしいと思います。学校で友だちができなくても大丈夫。学校以外にも友だちをつくる場はあります。もっというと、学校の外では性別や年齢に関係なく、いろいろな人と友だちになれる可能性があります。素敵(すてき)な友だちを見つけてみてください。

学校以外の居場所の大切さ

私がいじめを受けていた高校時代、唯一(ゆいいつ)ほっとできる場所は自宅だけでした。学校がない休日や夏休みは、水中でやっと息継(いきつ)ぎができたときのような感覚で過ごしていました。逆に、休み明けの登校日の憂うつは今でも忘れられません。

当時は、自宅に帰ればとにかく一時的にもいじめから逃(のが)れることができました。

けれども、現代はＳＮＳのいじめもありますから、家が完全な避難場所とは限りません。

「ネットなんか見なければいいのに」という意見もありますが、子どもたちはどうしても気になって見てしまうのです。つらいだろうな、と思います。


学校という世界がすべてではなく、通っていた学校の価値観がすべてじゃないと気づいたのは、神戸の高校に転校してからです。

転校した学校は、以前の学校とはまったく違う雰囲気で「こんな場所もあるんだ」と感じました。

その後、社会人として働くようになってからは、学校以外の居場所がたくさんあったのだと気づきました。子どものころは、学校以外の世界があることすら想像できませんでしたが、大人になってやっと学校以外の世界を見られるようになったのです。

今いじめを受けている人には、学校以外に自分の居場所を見つけてほしいと思います。

一言で「学校」といってもいろいろな学校があります。たまたま通っている学校の雰囲気が自分に合わないこともありますし、周りの子と価値観が合わないこともあります。

そんなとき、学校という世界しか見えてないと、「自分は世の中に受け入れられない存在なんだ」と勘違いしてしまいます。

現実には、今通っている学校は本当に狭くて特殊な場所です。ほんの一歩外に出るだけで、まったく違う世界を生きることができます。違う環境では、ビクビクすることなどなく幸せに過ごせます。それに早く気づいてほしいのです。

習いごとなどから、学校以外の居場所を見つけよう

学校以外の居場所として代表的なものに、習いごとの教室があります。その中でも好きなことができる場は、かけがえのない居場所となります。

例えば、音楽が好きな子は音楽教室、絵を描(か)くのが好きな子は絵画(かいが)教室など、得意なことができて自分が認めてもらえる場所が一つでもあるかどうかで、生きやすさは大きく違ってくると思います。

居場所は学習塾でもかまいません。世の中には、塾に通っている時間が最大の息抜きという子もいっぱいいます。

習いごとの教室や塾に通うためには、どうしても親の協力が必要です。お父さんやお母さんには「子どもの居場所を見つける」という視点で考えてほしいと思います。

私は、自分の子には好きなことをしてほしいと考えており、子どもは保育園のころからサッカーのクラブチームと近所の将棋教室に入会しました。私の趣味で選んだわけではなく、どちらも本人の興味から始めた習いごとでした。

サッカーも将棋も楽しく取り組んでいましたし、週末にはサッカーの試合が行われる機会も多かったので、学校と離れた場で過ごす時間も長かったと思います。

習いごとや学習塾は、できれば学校とは違うメンバーで行うのが理想です。

私の子どもが通っていた将棋教室には、同じ学校の子も何人かいましたが、サッカーチームには同じ学校の子がいませんでした。

別に学校の友だちとトラブルを抱えていたわけではないのですが、他校の子と関わる場があるというのが、精神衛生上よかったのではないかと思います。

その意味では、同世代に限らず、年上や年下の人と関わるのも重要です。基本的には同世代の子のほうが話しやすいと思いますが、年齢の違う人と関わればそれだけでも視野が広がるはずです。

なお、習いごとが経済的に難しい場合は、地域のボランティアに参加する方法もあります。ぜひ、いろいろな居場所を探してみてください。

本当にやりたいことをやる

学校以外の場で何かをするときには、とにかく「本当にやりたいこと」に取り組んでほしいと思います。

私自身のお話をしましょう。

小学生のころ、私はひとりで遊ぶのが好きでした。正確にいうと、ひとりが好きというより、ひとりで遊ぶしかありませんでした。家から離れた私立の小学校に通っていたので、近所には仲良く遊べる友だちがいなかったのです。

学校から帰ってきた私は、おやつを食べ、宿題をこなし、テレビを見たりお人形で遊んだりしながら毎日を過ごしていました。

そんな中で、やっていたのがピアノの習いごとです。4歳ごろから週に1度ピアノの先生のお宅に通い、練習をしていたのです。

でも、本音をいうとピアノはとくに好きではありませんでした。嫌々練習をしていましたし、ピアノの教室は「居場所」と呼べるようなところではありませんでした。

当時、バレエを習っている同級生がいて、その子は本格的にバレエに取り組むため、わざわざ他校へ転校するという選択をしていました。

その姿を見て、「バレエのために学校をかえるなんて、そこまで情熱があるのはすごいな」なんて思っていました。

実は、そんな私にも好きなことはありました。歌を歌うことです。

ピアノと並行して歌も習っていて、小学校に入ってからはソルフェージュ（楽譜を理解して読む力を身につける訓練）をしていました。
そんな大好きだった歌でしたが、親の意向もあって途中でやめてしまいました。本心では続けたい気持ちがあったにもかかわらず、素直に言い出せませんでした。

私はもともとおとなしい性格で「〇〇がほしい」みたいなことを強く言えないタイプの子どもでした。

祖母に「好きなものをあげるよ。何がほしいの？」と聞かれても、「うーん、いらない」などと答えてしまうことがありました。とにかく意思表示が苦手だったのです。

やりたいことは勇気を持って親に訴えよう

どうして私は意思表示が苦手だったのでしょうか。

もともとの性格もあるでしょうが、ひとりで過ごす時間が長く、人前で自己主張する機会が少なかったのも影響していると思います。

また、母がなんでも率先してやってしまうタイプだったのも大きかったかもしれません。

母は気が利きすぎるくらいの人で、私が「〇〇をしたい」という前に、先回りしてやってくれるようなところがありました。

私に「何か食べたいものある?」と聞かずに、「これ食べたいでしょ」と言いながら用意してくれることもしばしばでした。

本当は着せ替え人形の洋服がほしいのに、面と向かって祖母に「ほしい」と主張できなかったときも、母は優しくこう言いました。

「あなた、さっきは『いらない』って言ってたけど、本当は着せ替えの洋服がほしかったんじゃないの?」

そんなふうに言いながら、母は私に着せ替えの洋服を買ってくれるのでした。本当に優しくて素敵なお母さんです。でも、母がなんでもやってくれたことで、私は母と衝突してまで自分が本当にしたいことを主張できなくなっていたのかもしれません。

いじめられていた高校生のとき、やっぱりどうしても歌を歌いたいと思い、母に「歌をもう一度習いたい」と伝えたことがありました。自分では精一杯勇気を出して訴えたつもりでした。

けれども、すぐに反対されてしまいました。

「これから受験をしなければならないのに、歌をやっている場合じゃないでしょ？　何を言っているの？」

母が言うのももっともです。

当時の私には目指したい大学があり、受験に合格するためには勉強時間を確保する必要がありました。プロの歌手を目指すなら話は別ですが、とても歌を習っている余裕（よゆう）はなさそうです。

反対されるまま、歌を習うのはあきらめてしまったのですが、今ではものすごく後悔しています。

「あのとき、歌を習っていたら、その後の人生はどうなっていたんだろう」

「歌を習いたいと伝えるのが遅すぎたな。もっと早ければ、もしかしたら歌えていたかもしれないな」

大人になってから、そんなふうに夢想（むそう）することが何度かありました。

私は今でも歌手が一番素敵な仕事だと思っています。もちろん歌を仕事にする人には、当人（とうにん）にしかわからない苦労があるのでしょうが、それでも歌手にあこがれている自分がいます。歌が本当に好きでたまらないのです。

今、母親とそんな会話をするとき、「そんなに歌が好きだったのなら、あのときやらせてあげればよかったわね」と言われることもあります。

ですから、本当にやりたいことは遠慮(えんりょ)せずに、何度でも親に伝えてください。あきらめないで訴えれば、聞き入れてもらえるかもしれません。とにかくやりたいことは勇気を持って主張してください。やりたいことは絶対に自分を支えてくれます。

部活のメリットとデメリット

習いごとと同じように居場所となり得るのが、学校のクラブや部活です。

私は中学1年生のとき英語劇のクラブに入り、2年生からはミュージック同好会に入部しました。歌が大好きだったので、ミュージック同好会には絶対に入りたいと思っていたのです。

両親は過激なロックには絶対反対で、「ニューミュージックならOK」と言ってくれていました。

ニューミュージックというのは、私が子どものころに流行ったポピュラー音楽の一ジャンル。クラブではフォークギターを弾きながらグループで歌うスタイルの活動をしていました。

同級生のみんなはクラブに入ってからギターを始めていましたが、私は小学校高学年から独学でギターを練習していました。ギターの腕には自信があって、みんなに教えてあげることもありました。

クラブで合宿をしたとき、先生が私の腕前をほめてくれたことがあります。

当時、クラブ内にはギターも歌もとても上手な先輩がいて、みんなのあこがれの的になっていました。先生は、このまま頑張ればその先輩のようになれるかもしれないよと言ってくれました。

その言葉はとてもうれしかったのですが、周りの子にしてみれば、ちょっとおもしろくなかったのかもしれません。

あるとき、一緒にグループを組んでいた仲間の子から「カンカン（当時の私のあだ名）とは、もう一緒にやっていけない」と言われました。

今から考えると、そのときの私はギターができるということで、少しいい気になっていたのだと思います。

歌を歌うこと自体はひとりでもできますが、クラブではグループで歌うのが基本でしたし、当時はたったひとりで歌い続ける図太さもありませんでした。

ほかの子とグループを組もうとしたこともありましたが、うまくいかず、結局クラブは中学卒業と同時にやめてしまったのです。

当時の経験を踏まえて思うのは、部活という環境の難しさです。

学校の外にあるクラブチームやスクールなどでは、「試合に勝つ」とか「もっと上達する」という目標をみんなが共有しています。だから、純粋に上手な人・努力している人が認められる傾向があります。

けれども、学校の部活は少し特殊な環境であり、人間関係がとても重視されます。とくに女子の場合は、学校の友人関係がそのまま部活に持ち込まれがちです。仲良しの子と同じクラブに入ると、活動そのものよりも、人間関係を維持することが優先されてしまうのです。

私の場合も、もともと仲が良い友だちとグループを組んでしまったので、人間関係がぎくしゃくしたとたん、クラブにも居づらくなってしまいました。

その点は男子のほうが、比較的クラスと部活をはっきり区別する子が多いように感じます。私の知っている男性も、「私立の男子校でいじめを受けていたけれど、部活があったから学校に行き続けられた」と語っていました。

彼のように、部活がよりどころになる人もいるので、部活に居場所を求めるのは悪くありません。部活に居場所を探すなら、クラスとは別の人間関係を意識するとよいのではないでしょうか。

ネットに居場所をつくるときに気をつけたいこと

今の時代はネットの世界に自分の居場所をつくることもできます。

実際に「学校ではいじめられていたけど、スマホでつながっている世界があったから救われた」という人もいます。

SNSなどで気軽に学校とは別の人間関係をつくることができますし、ネットに居場所をつくるという発想自体は否定すべきではありません。

とくに今は、小学生でも自分の文章やマンガ、歌などを簡単にネットにアップできる時代です。自分の作品を世界中の人に見てもらい、評価されるというのは素晴らしい経験です。

法律の視点からいうと、「表現の自由」は基本的で重要な人権だといわれるくらい、とても大事なものとされています。

自己表現ができる場や表現の方法を持つというのは、本当に素敵なことです。絵を描くのでも小説を書くのでもなんでもいいです。好きな表現に没頭している時間は、脳もリセットされて気持ちがラクになります。何か好きな表現方法が見つかれば、それが自分にとっての大切な居場所になるはずです。

お父さんやお母さんが普段からＳＮＳをしている人も多いでしょうから、発信の仕方について、いろいろアドバイスをもらうのもよいでしょう。

ただし、ネットは気軽に利用できる反面、怖い部分もあることを知っておく必要があります。

例えば、自分の発信に対して匿名で悪口を書き込まれたり、誹謗中傷を受けたりするリスクがあります。匿名である分、実社会より風当たりが強いという点は、ある程度覚悟(かくご)しておく必要があります。

悪口を言われるだけでなく、犯罪に巻き込まれるおそれもあります。

世の中では、SNSで出会った人とリアルに会ってみたら、SNSの写真とはまったく別の人がやってきて、性犯罪の被害にあうといった事件が起きています。

子どもたちは「趣味の話が合う人だから、きっといい人に違いない」と思いがちですが、子どもを狙(ねら)う悪い大人もたくさんいるのです。

SNSで話が合うからといって、本当に相手のことがすべてわかるわけではありません。ネット上では、どんな嘘もつくことができます。ですから、すべてを信じすぎないでください。

少なくとも、ネットで出会った見知らぬ人とは絶対に会わないようにしてください。知らない人と会って悪いことをされたら、取り返しがつかなくなります。とにかく知らない人には近づかないことが肝心です。

そしてもう一つ大事なのは、お金や写真などを要求されそうになったら絶対に断るということです。SNSで知り合った大人からお金や写真を請求されるというのは、どう考えても異常事態（いじょうじたい）です。

「知らない大人と会わない」
「知らない大人にお金や写真を渡さない」

最低限、この二つのルールさえ守れば、少しくらい相手とトラブルになってもなんとかなります。細心（さいしん）の注意を払いながら、ネットと関わっていきましょう。

旅に出る・海外に行くという方法もある

学校と家の行き来がつらすぎるときは、どこか知らない街に行ってみるのもいいと思います。

ひとりで電車に乗って遠くに出かけるなど、知らない街に行くだけで少し気持ちが軽くなります。夏休みなどを使って海外に行くのもよいでしょう。

私は大学に入ってからもうつ病が治らず、思うように通学もできない状態が続いていました。そんな状態をなんとかしたいという思いで、3年生の夏休みに1ヵ月間だけ語学留学をしたことがあります。

留学先はアメリカのボストンでした。行ってみると、日本とはまったく違う環境があり、「今までちっぽけな世界で生きてきたな」と感じられました。とにかく未知の世界に触れて楽しかった記憶があります。

心身ともに完全に復調したわけではなかったですが、ちょっとだけ気持ちが前向きになりました。

日本に帰国後、初めてのアルバイトを経験するなど、今までにないチャレンジができるようになったのです。


私の知り合いにも、学校の団体生活がどうしても苦手で、高校からアメリカの学校に進学した人がいます。両親の理解や助けが得られれば、海外の学校に行くのも一つの選択肢だと思います。


大人になってからも、自分の居場所は心の支えになります。

実は、私は今、東京と沖縄県の宮古島の2拠点で生活をしています。

もともと寒がりで、温暖な土地を旅行するのが好きだったのですが、以前は生活のために東京で自宅と職場を往復する日々が続いていました。

けれども、子どもの手がかからなくなってくるにつれ「そこまであくせく働かなくてよいかも」と思うようになりました。

本音をいうと、東京という環境に疲れている自分もいました。東京には人が多すぎて、とくに司法の世界では気が強い人も多く、そんな中で仕事をするたびに自分がすり減っていく感覚がありました。

少し逃げ場がほしくなったのです。

そんな中で、決定的な変化が起きました。コロナショックです。2020年以降はリモートでできる仕事が増え、東京に居続ける必要がなくなりました。

そこで思い切って、「南の島で暮らしたい」という夢を実現することにしました。そして宮古島で滞在する期間を増やすようになったのです。

現在では2週間から1ヵ月程度は宮古島で生活し、再び東京に戻る生活を繰り返しています。

宮古島では現地の知り合いもでき、楽しく過ごせています。周りの目が気にならないですし、ラフな格好のまま化粧をしなくていいというのもラクです。

大人になっても、いじめを受けていなくても、逃げ出したいことはたくさんあります。そんなときに居場所があれば、自分を保つことができます。

ここに来ればとりあえずなんとかなる――。あなたにもそんな居場所を見つけてほしいです。

4章

学校に
行けなくなった
君へ

この章では、今学校に行けなくなっている人と、親御さんに向けたメッセージをお伝えしたいと思います。

1 いじめるほうが恥ずかしい

この本の1章では、私の過去のいじめ経験をもとに「いじめられていることは、全然恥ずかしいことじゃない」と言いました。

「いじめられていることは恥ずかしくない」

これは何度強調してもしたりないくらいです。いじめられているあなたが恥ずかしく思う必要など一つもありません。

そして、私がもう一つ訴えたいのは、これも前に言ったことですが、「いじめるほうが恥ずかしい」ということです。いじめは卑劣で卑怯なふるまいです。他人をいじめることのほうが、よっぽど恥ずべきことなのです。

だからいじめで学校に行けなくなってつらい思いをしても、けっして恥ずかしいとは思わないでください。恥ずかしいのは、のうのうと学校に通い続けているいじめっ子のほうです。

どんないじめであっても、いじめるほうが恥ずかしい。いじめられている自分は絶対に悪くない。これを忘れないでほしいと思います。

2 いじめっ子と同じ土俵に立たない

次にお伝えしたいのが「いじめっ子と同じ土俵に立たない」ということです。

もし私がタイムマシンに乗って、私をいじめている子たちに何かを言い返すチャンスがあるとすれば、こんなことを口にすると思います。

「あなたたちみたいなバカは相手にしたくない」
「私はあなたたちと同じ土俵には乗りたくない」

嫌がらせに嫌がらせ、悪口に悪口で対抗しようとしているうちは、結局相手と同じ土俵で戦っているのと同じ。恥ずかしいことをしている人と、同じレベルの人間になってしまいます。

だから、いじめっ子は相手にしない、関わらないという強い気持ちを持ってほしいのです。

いじめっ子は、あなたを傷つけようとして、さまざまな嫌がらせをしています。それに対して自分が普通でいること、幸せに生きているということが、いじめっ子への一番のダメージとなりますし、最大の復讐にもなります。

相手に同じ苦しみを味わわせたいという感情を持つのはかまいません。でも、その感情はいったん脇(わき)に置いて、冷静になることが大切です。

冷静になって、いじめっ子とは同じレベルで戦わない姿勢を明らかにする。そして、いじめをやめさせるための行動を取っていくようにしましょう。

3 学校はすべてじゃない

そしてもう一つ覚えておいてほしいのは「学校はすべてじゃない」ということです。

3章でお話ししたように、学校は人との関わりを学べる場所です。学校では友だちや先生などとコミュニケーションを取りながら、社会で必要な知識を身につけていきます。学校に行かないと経験できないことは確かにあります。

小学校から高校くらいまでは、学校で過ごす時間が長いので、学校の常識が世界の常識のように感じられると思います。

学校がない生活は、想像することも難しいのではないでしょうか。

でも、結局のところ、学校はそんなに大したところではありません。

学校が世界のすべてだなんて、大間違いです。学校は広い世界の、ごくごく一部。一歩学校の外に出れば、まったく別の空間が広がっていて、そこにはいろいろな価値観があります。

学校に行かないと、その後の人生がダメになることなんてないですし、学校に行かなかったとしても幸せな人生を送ることはできます。

だから、本当に学校に行くのが嫌だったら、あえて行かなくても大丈夫です。

学校にしがみつこうとするのはやめてください。

学校のほかにもあなたの居場所は絶対にあります。

4 とにかく誰かに言おう

いじめられたら、絶対にしてほしいことがあります。とにかく誰かに言う、ということです。

いじめをたったひとりで抱え込まないでください。誰でもいいので、信頼できる人に言って助けを求めてください。

親や先生に相談できれば一番いいと思いますが、もしかすると親も先生も頼りにならないかもしれません。

だったら、信頼できる友だちに伝えてもいいですし、学校以外に関わりのある塾の先生や習いごとの先生に相談するのもいいです。

どうしても知っている人に言い出せなかったら、都道府県の相談ホットラインに電話する方法や、弁護士会に相談する方法もあります。

世の中には、あなたを助けてくれる人が必ずいます。だから、勇気を出して

SOSを発信してください。

5 未来を信じよう

そして最後に伝えたいのは「未来を信じよう」です。

いじめを受けて学校に行けなくなったら、気持ちが落ち込んで当然です。目の前にあることすべてが信じられなくなり、「なんのために生きているのだろうか」と思ってしまうかもしれません。

人は信じるものがなくなると、生きていくのが本当につらくなります。

だから、たった一つでもいいから、信じるものを持ってほしいのです。

今、苦しい思いを経験しているあなたに信じられるものがあるとすれば、それは未来です。今がどん底状態でも、永遠にこの状態が続くわけではありません。

「未来を信じろと言われても、無理。とにかく今が苦しいんだ」

その気持ちはよくわかります。でも、未来には、今のあなたがまったく想像もできないような人生が待っています。それを信じて、今を生きてほしいのです。

親御さんへのメッセージ

ここからは、いじめを受けている子のお父さんやお母さんに伝えておきたいことをまとめます。

まずは共感することが大切

まずは、お子さんの話に必ず耳を傾けましょう。どんなに忙しくても、話を聞くのをあとまわしにしないでください。

子どもがいじめについて話そうとしているときは、覚悟を決めて、勇気を振り絞り(しぼ)ながら行動しているときです。

そのタイミングを逃すと、子どもは話すのをあきらめてしまうかもしれません。そして、もう親に助けを求めるのをやめてしまう可能性があります。


どうしても、子どもが話しかけてきたタイミングでは対応できないときも、「あとで聞くよ」などと軽く返さないようにしてください。

「あとで必ず時間をつくってじっくり話を聞くからね」と伝えた上で、改めて時間を取るようにしましょう。


お子さんからいじめについて相談されたときには、まずは共感することが大切です。

「ああ、それはつらかったね」と共感した上で、「何があってもあなたの味方である」というメッセージを伝えてください。

いじめられているとき、子どもは疑心暗鬼に陥っています。本当に親が自分を守ってくれるのか不安に感じています。

ですから、お子さんの不安を取り除く言葉をどんどん口にしてあげましょう。

「とってもつらかったと思うけど、でも大丈夫だよ。お父さん／お母さんがついているからね」

「お父さん／お母さんはあなたの味方だからね」

このように伝えることで、お子さんは安心できると思います。

注意してほしいのは、子どもを励ますつもりで突き放してしまうパターンです。よくあるのが「なんでそんなことで悩んでるの？　くだらないことじゃないの」

「そんなのほっときなさい」といった言葉かけです。

あるいは、「いじめられたら、同じようにやり返しなさいよ」と子どもをけしかけるような言葉をかける親もいます。

こうした言葉は子どもにプレッシャーを与え、絶望感をもたらします。あくまでも子どもに共感して味方をする言葉がけを意識してください。

共感はしても同調はしない

そしてもう一つ大切なのは、子どもに共感しても同調はしないということです。「つらいよね」と共感するのはよいのですが、子どもと一緒になって落ち込んだり、「どうすればいいんだろう」と迷ったりしていたのでは、子どもはいつまでも救われません。

親がうろたえると「やっぱり言わなければよかったな」「親を心配させて悪かったな」と子どもが後悔してしまうおそれもあります。

自分の子どもがいじめを受けていると知ったら、びっくりするのは当然でしょう。

怒りを覚え、感情的になってしまうこともあると思います。

実際に、私のもとに相談に来る親御さんの中には、当事者であるお子さん以上に怒っている方がいらっしゃいます。

「相手の子を停学にさせたいんですけど、どうすればできますか？」

開口一番、このような相談を受けることもあります。

「それはお子さんが本当に望んでいることですか？」と尋ねると、果たして親御さんだけが先走っているとわかることがあるのです。

親御さんには、いじめ問題に関してどんと構えていただきたいと思います。どこまでもお子さんの味方であり、共感もしてほしいのですが、客観的視点を失ってはいけません。

お子さんの言い分は当然信用すべきですが、その一方で「相手方の話や周りの子の話も聞いた上で判断される問題である」という視点も持っておく必要があります。

右から光を当てたときと、左から光を当てたときでは、同じものでも違って見えます。それと一緒で、もしかしたら当事者同士で誤解が生じているかもしれないですし、その誤解を解くだけで問題が解決することもあります。

ですから、感情的にならないでください。あくまでも冷静な立場で、自分が解決に向けてできることを考えていくことが大切です。

例えば、お子さんがいじめの証拠を記録できるようであれば、証拠を残すようにアドバイスをするのもよいと思います。客観的な記録があれば、解決に向けて前に進むこともできるようになります。

また、親御さんが自分だけで解決しようとしないことも大切です。私から見て、お母さんが問題を抱え込み、ひとりで対処しようとするケースが多いと感じています。

お母さんが「いじめられているのは恥ずかしいこと。なるべく黙っておいたほうがいい」と考えるのは逆効果です。

お父さんがいるならお父さんに相談すべきですし、学校で起きたことは学校に相談して解決するのが基本です。さらに、事件性がある場合は警察への通報も必要でしょう。

その上で、弁護士や法務局の人権相談窓口などに相談する方法もありますので、とにかく「誰かに相談して解決する」ことを心がけましょう。

学校には行かせるべきか

お子さんがいじめを受けているとわかったとき、親御さんは「このまま学校に通わせてよいのか」という悩みに直面すると思います。

いじめを知った瞬間に「もういい。学校なんか休みなさい」と積極的に休ませようとする対応が多く見られます。しかし、これには手放しでは賛成できません。

私は、学校に行けるのであれば、行くに越したことはないと考えています。一度学校から離れてしまうと、復学するハードルはどんどん高くなっていきます。

少しでも登校できる余地があるのなら、登校したほうがいいと思うのです。

ただし、本人が「どうしても学校に行くのは無理」と言う場合は、登校を強制すべきではありません。学校はそこまでして通わなければならない場所でもないからです。

最悪なのは、嫌がる子どもを引きずるように学校に向かわせる行為です。これだけは絶対に避けてほしいところです。

休学や転校などは、本人の意思を尊重しながら、慎重（しんちょう）に判断していただきたいと思います。

5
章

未来に
夢を持つこと

私の人生は、高校時代にいじめを受けたことで大きく変わりました。いじめられた過去を消すことはできませんし、心の傷を完全に克服（こくふく）できたわけでもありません。

それでも私は自分の人生を受け入れ、幸せに生活することができています。この本の最後に、いじめに支配されずに生きていくための考え方や方法についてお伝えしていきます。

いじめられた傷は一生消えないけれど

私がとくに強いいじめを受けていたのは、高校時代の約2年間です。直接いじめを受けることがなくなったあとにも、いじめの後遺症に苦しむ日々が続きました。

この本を通じてみんなに知ってほしいのは、いじめられなくなったあとも、人はいじめのせいで何年も苦しむことがあるということです。

私の場合は、今でもふとした拍子にいじめられていた場面を思い出すことがあります。そのときのつらかった気持ちがよみがえってくることもあります。

過去のいじめを思い出して、悔しい気持ちになることもあります。悲しいというより、悔しい気持ちが強いのです。

今でも断続的に心療内科を受診しています。

精神的に安定していて、2年くらいまったく受診しない時期もあるのですが、やっぱり受診する生活に戻るというサイクルを繰り返しています。

カウンセラーの先生のお話を聞くと、ＰＴＳＤ（Post-Traumatic Stress Disorder：心的外傷後ストレス障害）の症状を抱えている人は、最初の治療がうまくいかないと症状が長引いてしまったり、完治できなかったりすることが多いそうです。

ＰＴＳＤとは、命の危険を感じるような出来事に直面したあと、そのときの記憶がフラッシュバック（突然、鮮明によみがえること）として思い出され、不安や緊張が高まるなど、当時に戻ったように感じ続ける病気です。

私も同じような症状を抱えていて、治ったといえる状態になっていないのだと思います。

とくに、いじめをきっかけに摂食障害とうつ病を患ったことで、長年にわたって病気に翻弄されてしまいました。

よく「いじめを乗り越えて」という表現が使われることがありますが、そう簡単にいじめは乗り越えられないということなのでしょう。

自分の精神を平常に保つコツ

それでも、今は仕事に支障があるほどの状態になるのは避けられています。

精神的に大きな支えとなっているのは、間違いなく子どもの存在です。子どもが自由で元気に生きているということが、私にとって何よりの救いとなっています。

とはいえ、これは私個人のことであり、精神的な支えとなるものは人それぞれだと思います。仕事が救いになる人もいれば、好きな趣味が救いになる人もいるかもしれません。

同じような境遇にある人には、ぜひ自分にとっての支えを見つけてほしいと思います。

もっと現実的な対処法をお話しすると、私は睡眠で精神の安定を図っているようなところもあります。

たまたま、私はうつになっても不眠にはならないタイプであり、むしろ寝すぎるような体質の持ち主でした。ですから、「嫌なことがあったら、とにかく寝る」を実践してきました。

起きているときは、あれこれ考えるばかりで、どうしても脳が疲れてしまいます。考えても嫌な思いが解消するわけでもありません。

そんなとき、睡眠は脳を休めるためのとっておきの手段といえるでしょう。十分な睡眠を取れば、同じ問題に対しても冷静に対処できることがあります。

ほかには、体を動かすこともいいですね。

私の友人のお子さんは、親とケンカをしてむしゃくしゃしたときには、近所をランニングしてストレスを発散しているといいます。悪くない解決方法だと思います。

私自身はどちらかというと運動嫌いなのですが、それでも週に2回はジムに通って体を動かしたり、オンラインでピラティスに取り組んだりしています。

ジムに行かない日は、少し前まではジョギングをしていました。でも、同世代で膝（ひざ）を壊（こわ）す人を見ていたので、膝を痛めないようにウォーキング（速歩き）へと切り替えました。

思いっきり体を動かして体を疲れさせ、十分な睡眠を取る。これが最強の対処法だと思っています。

夢を持つということ

私が本当の意味で「生きてきてよかったな」と思えたのは、司法試験に合格したときです。

振り返ってみると、高校時代の私は毎日生きるのに精一杯で、卒業後の未来を考える余裕がありませんでした。

目標とする大学はあったのですが、とても受験できる精神状態ではなかったので、推薦入試を経て東京都内の大学に進学しました。

受験もできず、志望校でもない大学に入学したことに、自分の中では悔しい思いがありました。

大学生活が始まっても、うつ病が好転する気配もなく、講義にもまともに出席できません。親が運転する車に乗せてもらい、どうにかこうにかレポートを提出した日もあります。

そんな具合で、ともあれ形だけは大学を卒業することができました。「大学卒業」という肩書き（かたがき）がほしかっただけと言われても仕方がないような学生生活です。

すでにお話ししたように、私は就職活動をすることもできず、結婚・出産を経て子育てに専念する日々を過ごしていました。

子育てを通じて、精神的に少し上向いていた時期に、「このままでは終われない」「リベンジしたい」という思いがふつふつとわいてきました。

それまでの私は、いろいろなことをあきらめる人生を送っていました。

いじめられたことで小学校から通っていた私立校を卒業できず、志望大学に進むこともできず、就職もできなかった……。

本当にこのままでいいのだろうかと自問自答（じもんじとう）したとき、絶対によくないと思ったのです。

それまでの私は試験を受けて人生を切り拓く経験とは無縁でした。唯一の成功例は小学校受験の合格くらいで、大学も指定校推薦だったので、自分の力で合格を勝ち取ったという実感がありません。

自分の力で何かに挑戦することがないまま、気づけば20代の終わりが目前に近づいていました。

私は無性に自分の力を証明したいと思いました。「自分はここまでできる」ということを、なんとしても示したい――。

そこでひらめいたのが司法試験への挑戦でした。どうせ挑戦するなら、一番難しい資格試験を受けてみようと思ったのです。

当時、専業主婦だった私は経済的に自立していないことにモヤモヤした思いも抱えていて、外で仕事をしてみたいという願望もありました。

司法試験に合格して弁護士になれば、経済的に自立することもできます。仕事もできるし、自分の能力も証明できる。司法試験なら自分の願望がすべてかなえられそうです。

本当をいうと、医者を目指したい気持ちもあったのですが、医学部受験は経済的な理由で現実的ではないと判断しました。

「とにかく司法試験にチャレンジしよう。司法試験がダメだったら、また別の目標を探せばいい」

そう腹をくくるまでに時間はかかりませんでした。

不安の中で続けたチャレンジ

司法試験を目指すと決めたものの、法学部で学んでいたわけでもなく、法律に関してはずぶの素人です。

すぐに司法試験の予備校への入学手続きを行い、予備校に通いながら勉強する生活を始めました。

幸運なことに、そのころ私が住んでいた自治体では、就業のために予備校に通っている親でも、保育園に子どもを預けることができました。さらに実家の父と母にも子育てに協力してもらえたのも大きな支えとなりました。

父も母も、本心では娘が司法試験に合格できるのか半信半疑だったと思います。ただ、それまで苦しんでいる私と接してきたので、我が子が初めて自分で目標を見つけてチャレンジする姿を喜んでいるように見えました。

最初の2年くらいは、とにかく勉強が楽しくて仕方がありませんでした。

「新しく知識を学ぶって、こんなに楽しいんだ」

そう思えたのは大きな発見でした。楽しいと思えるのだから、まったく歯が立たない試験ではないという感触もありました。

とはいえ、子育てと勉強の両立は一筋縄ではいきません。ほかの受験生のように一日中根を詰めて勉強をするわけにもいかず、もどかしく思うこともありました。

そして実際に司法試験を受験するようになってからは大きな壁にぶつかりました。なかなか試験に合格できないのです。

当時は司法試験の受験回数に制限はありませんでしたが、合格率は現在よりも低く、たったの数%。本当に狭き門であり、周囲には10回以上の受験をしている人も珍しくはありませんでした。

私が受験したころ、試験は択一マークシート・論文・口述に分かれていました。択一マークシートは毎回合格していたのですが、論文が非常に難しく、いつも突破を阻まれていました。

不合格を繰り返すうちに、「やっぱり無理なんじゃないか」という不安が大きくなってきます。

かといって、今さら受験をやめるという決断に踏み切れない自分もいました。受験回数を重ねれば重ねるほど、「今さら引き返せない」という思いは強くなり、やめるハードルはどんどん高くなっていきます。

ダメだったらあきらめて別の目標を見つけようとは思っていましたが、どうなったらダメだと判断するのかを決めていなかったので、やめるにやめられなかったのです。

「このまま続けて本当に受かるの？」

「そんなことを言っても、今さらやめられないよね」

この二つの考えを行ったり来たりしながら、私は終わりのないチャレンジを生きていました。

実は、司法試験の受験生時代に、高校時代に私をいじめていた子のひとりに偶然会ったことがあります。

当時は、司法試験にチャレンジして3回目か4回目だったでしょうか。惜しいところで不合格となり、精神的にもとても落ち込み、1ヵ月くらい引きこもって勉強が手につかなかった期間がありました。

「このままではいけない」と思い直し、予備校でアルバイトをし始めたころのことです。

ある日予備校に行くと、高校時代の同級生とばったり顔を合わせました。彼女も仕事を辞めて司法試験を目指し、同じ予備校でアルバイトをしていたのです。61ページで、私を無視しながらも申し訳なさそうな表情をしていたクラスメイトのお話をしました。それが彼女でした。

私のほうは一瞬体がこわばったのですが、彼女は私に向かって、何事もなかったかのように話しかけてきました。

そのときに怒りの感情がわいてきました。

「この人は何を考えているんだろう」

「よくもまあ、懐かしい友との再会みたいなテンションで話しかけられるな」

怒りがわくと同時に、「絶対に彼女には負けない。絶対に自分が先に合格する」と決意を新たにしたのです。

そして5回目のチャレンジのとき、壁となっていた論文試験をついにクリアすることができました。

「やった。論文受かった!」

喜んだのもつかの間、口述試験の対策を何もしてこなかったことに気づき、真っ青になりました。口述は9割が合格する試験ですが、裏を返せば1割はそこで落とされてしまうことになります。

ドキドキしながら試験に臨んだのを記憶しています。

リベンジのための司法試験

合格がわかったときは、とにかくほっとする気持ちが強く、喜びそびれたというのがリアルな感想です。

ただ、それまでは心のどこかに「いつ死んでもいいや」という投げやりな思いがあったのですが、そのとき初めて「もうちょっと生きていたい」という思いが芽生えたのも事実です。そのくらい、司法試験合格はターニングポイントとなる出来事でした。

30歳から勉強を始めた私は、合格時に37歳になっていました。ほとんど勉強一色だった30代を経て、念願だった司法試験に合格できたのです。


ここまでの話を読んで、読者の中にはこう思う人がいるかもしれません。

「司法試験に合格できる人なんて、ほんの一握り。あなたは弁護士になれたからいいかもしれないけど、みんながみんな夢を実現できるわけじゃない。無責任に『目標を持ってリベンジしろ』なんて言わないでほしい」

そういった反論に対して、軽々しく「頑張ればなんでもできる」と言うつもりはないです。ただ一つ言えるのは、弁護士になることが特別素晴らしいわけでもないということです。


何度もお話ししているように、私はリベンジのために司法試験に挑戦しました。念願かなって合格したとき、確かに「努力が報われた」「リベンジできた」という達成感を得ることができました。

でも、合格したはいいものの、その後についてはほとんど考えていませんでした。

もともと弁護士を目指すにあたって「弱い者のために力になろう」とか「社会の正義を実現しよう」といった立派な志を持っていたわけではありません。

それどころか、弁護士という仕事が自分に合っているのかどうかすらよくわからないまま弁護士になってしまいました。

実際に仕事を始めてから、そもそも自分は争いごとが苦手だったことに気づかされました。裁判でもとことん勝ち負けを争うより和解で落としどころをつける解決法が好きですし、できれば穏やかに生きていきたいという気持ちが強いのです。

また、弁護士は依頼者の相手方から見れば敵となります。そのせいで、一方的に恨まれることもあります。万が一の事態を想定して、周囲を警戒しながら帰宅することもあれば、家族に迎(むか)えに来てもらうこともあります。現実には、つらくて大変な思いもたくさんしています。

今冷静に考えて、弁護士になって本当によかったのかというと、なんともいえない部分があります。ひょっとしたら、もっと私に合っていて楽しくできる仕事がほかにあったかもしれません。

ただ言えることは、弁護士でよかったとは断言できないけれど、それでも仕事ができて、普通に生活できて、たまにはおいしいものを食べるなど、それなりに生活の中に楽しみを見つけて暮らすことができています。

それでいいし、それで十分だと思っています。

どんな夢でもいい。大切なのは未来の可能性を知ること

世の中の弁護士たちを見ていると、私を含めて正義のために志したという人は、ほとんどいないと思います。現実には、なんとなく目指したという人が多いので

はないでしょうか。

身も蓋もないと言われるかもしれませんが、弁護士が仕事をするのは、正義のためという前に依頼者のため。正義という理想にこだわりすぎると、独りよがりな仕事をしてしまうおそれがあります。

また、依頼者に感情移入しすぎると、自分が精神的につらくなってしまうこともあります。

弁護士以外の職業も同じです。大それた理想がないからこそ、割り切っているからこそ、みんな地に足をつけて仕事ができていると思うのです。

だから、あなたが将来の夢や目標を考えるときも、理由はなんだってかまいません。誇れる理由でなくても、立派な志がなくてもいいのです。

本当に大切なのは、自分自身で進路を選び、挑戦していくことです。

高校時代の私は、大学に入りたいという目標はありましたが、その先のことはほとんど考えていませんでした。あとから考えると、それがいけなかったと反省しています。

自分が何になりたいか、どんな仕事をしたいかというイメージを持たなかったせいで、未来を信じることができていませんでした。

未来を信じられていたら、きっと「自分にはこれがあるから平気」と思えたはずです。

「いじめがつらかったから未来を信じられなかった」のも事実ですが、「未来を信じられなかったから、今を耐えられなかった」という部分もあったように思うのです。

今の子どもたちの中にも、当時の私と同じように学校を卒業したあとの将来がぼんやりしている人がいると思いますが、それはリスクが多い生き方といえます。

大切なのは、なるべくいろんな職業に興味を持つことです。

本やネットで調べれば、世の中にどんな職業があって、どんなふうに仕事をしているのかをおおよそ知ることができます。

ハッキリとやりたい職業が見つからなくても大丈夫です。「こういう働き方もあるのか」「こういう生き方もあるんだな」と知るだけでも十分です。

今は、職業体験ができるテーマパークや施設(しせつ)も増えています。いろいろな手段で、自分の可能性を探ってみてください。

自分の生き方を考えるときに知っておいてほしいこと

人生はたった一度しかありません。好きなことを仕事にできて、それで生きていけるなら、素晴らしいことだと思います。

ただ、実際には好きなことを仕事にできる人は限られています。

私も好きなことを仕事にできたわけではなく、たまたま勉強が得意だったので、その延長線上で司法試験にチャレンジしました。弁護士という仕事が心底(しんそこ)好きというより、得意な仕事をしているという感覚です。

好きなことと得意なことが同じとは限りません。

好きなことを仕事にできなくても、得意なことを仕事にする方法はあります。得意なことで仕事をして、好きなことは趣味として取り組む生き方があってもいいと思います。

「隣(となり)の芝生(しばふ)は青い」ということわざがあります。

もしかすると、好きなことを仕事にした人も、その人にしかわからない苦労を抱えている可能性があります。

そう考えると、人生に正解はないように思えてきます。あなたには、好きなことにこだわりすぎず、自分に合った生き方を見つけていってほしいです。

自分の生き方を選ぶとき、意識したいことがあります。それは「世間の顔色をうかがわない」ということです。

私が弁護士を目指そうと考えたのは20代が終わりに差しかかったころでした。弁護士を目指したいという思いを持つ一方で、「今さら遅いかな」「世間的にどう思われるんだろう」と気にする気持ちも持っていました。

大学時代の友人と電話をしているとき、こんなふうに言ってみたことがありま
す。

「弁護士って格好いいな。生まれ変わったら弁護士を目指すのもいいかなと思う
んだけど……」

するとと友人は、こんな言葉を返してきました。

「別に生まれ変わるのを待たなくても、今からなれるじゃないの。今から弁護士
を目指せばいいよ」

それを聞いて、背中を押されたような気持ちになりました。

また別のあるとき、知り合いに司法試験へのチャレンジを相談した際には、次
のような言葉をかけてもらっています。

「世間って、そんなに気にしなきゃいけないほど、立派なものなの？　世間ってそんなにすごいの？」

これは目から鱗が落ちるような言葉でした。

考えてみると、私が世間に合わせようと勝手に思っていただけ。けっして世間の目が私の決断より優れているなんてことはないのです。

何歳でも、新たに道を切り拓くことはできる

人生はやり直しがきかないですが、思い立ったときに何かを始めることはできます。何歳になっても、新たに道を切り拓くことはできるのです。

資格によっては年齢制限が設けられていてチャンスが無限とはいえないですが、自分で世間体を気にして制限をかけるのだけはやめましょう。

4章でお話ししたように、私は最近になって「南の島で生活する」という夢を

実現しました。

子どもが自立して「これからどうやって生きていこう」と思っていたとき、ふと東京以外に新たな生活の拠点を持つという発想がひらめきました。

「私の夢って、まだあったんだ」

「まだ夢をかなえることができるんだ」

大げさに聞こえるかもしれませんが、本当にそう思えました。

今は東京での時間と、南の島での時間のバランスを取りながら、自分らしい生活ができています。


そして、実はまだまだ私には夢があります。歌手になるという夢です。

とはいえ、CDをリリースしたり、全国ツアーを行ったりしたいというわけではないです。

世の中には、ほかの職業を堅実(けんじつ)にこなしながら兼業(けんぎょう)で歌手活動をしている人もたくさんいます。南の島の小さなライブハウスで、ささやかな歌手活動ができたらいいな。そんなふうに考えています。
ぜひ、年齢にこだわらず、自分の夢を見つけてほしいです。

最後に伝えたいこと

最後に、もう一度、今いじめに苦しんでいる人に向けて私からのメッセージをお伝えしたいと思います。

この本を読んでいる読者の中には、どうしても今がつらい。夢や目標など考えられない。未来を信じろと言われても無理だと思う人がいると思います。

何も考えられないのなら、無理して考えなくてもいいです。将来について調べることができないのなら、何もしなくてもいいです。

何も考えず、前向きな行動を取らなくてもいいので、とにかく生きていてください。

時間が経てば学校に通う期間は終わり、いじめも必ず終わります。時が経つのに身を任せてください。時が経てば、絶対に状況が変わります。

今は変わると信じられなくても大丈夫です。信じられないなら信じなくてもいいので、何も考えず時が流れるのに身を任せてください。

どんなに悩んでいても、まったく悩んでいなくても、そんなこととは無関係に時は平等に流れていきます。

時は絶対に止まりません。流れる時があなたを別の世界に連れて行ってくれます。だから、とにかく生きていてください。

いじめられている自分には生きている価値がないと思うかもしれません。

でも、絶対にそんなことはありません。

自分の存在を認めてください。自分のことを好きになってください。
あなたは素晴らしい人生を送ることができる。私はそう信じています。

構成　渡辺稔大

著者略歴
菅野朋子　かんの・ともこ
弁護士。1970年生まれ。立教大学社会学部を卒業後、結婚や出産、離婚を経て、東京大学法科大学院在学中の2007年に5回目の挑戦で旧司法試験に合格した。2009年に弁護士登録。企業内弁護士や法律事務所で経験を積み、2011年に独立。企業のコンプライアンス、離婚・相続や学校問題、いじめ事件にかかわる一方、小中学校での法教育やいじめ授業の活動を積極的に行っている。2023年9月から沖縄県宮古島に法律事務所を開設。現在は、東京と宮古島との2拠点で活動している。
https://mykl.jp

いじめられっ子だった
弁護士が教える
自分の身のまもり方

2023年9月28日　第1刷発行

著　者　菅野朋子
デザイン　永井亜矢子(陽々舎)
イラスト　酒井　以
発行者　碇　高明
発行所　株式会社 草思社
〒160-0022　東京都新宿区新宿1-10-1
電話　営業 03(4580)7676　編集 03(4580)7680

本文組版　横川浩之
印刷所　中央精版印刷株式会社
製本所　加藤製本株式会社

ISBN978-4-7942-2677-8 Printed in Japan　検印省略